Horizonte Reflexivo
Crónicas de Nuestro Tiempo

Oscar Luis Rigiroli

Índice

Introducción General

Este libro es el fruto de un extenso recorrido por el autor a lo largo del tiempo y las ideas, una recopilación que reúne reflexiones, análisis y experiencias personales que han madurado a lo largo de años marcados por intensos cambios políticos, ideológicos y sociales. En sus páginas, se entretejen pensamientos íntimos con los grandes acontecimientos que definieron épocas, tanto en el país como en el mundo, para ofrecer una visión completa y ordenada de una evolución dual: la de mis propias creencias y la del entorno que las moldeó.

El propósito de esta obra no es solo narrar, sino invitar al lector a reflexionar sobre cómo las convicciones se transforman y adaptan frente a los vaivenes de la historia. Aquí, cada capítulo es un eslabón de una cadena que conecta el pasado con el presente, mostrando cómo los eventos y las ideas han interactuado en una danza constante de cambio y continuidad. Los artículos de esta cadena se extienden en el tiempo desde los lejanos días de 1987 hasta el 2024.

Al leer estas páginas en el orden en que fueron concebidas, espero que se forme ante ustedes una pintura dinámica y vívida: un retrato de un tiempo vivido y de un mundo en constante metamorfosis. Que esta travesía sea tanto un espejo como una ventana, una oportunidad para mirar hacia dentro y hacia fuera, y quizás también un espacio para redescubrir nuestra propia manera de entender el presente y de proyectar el futuro.

Parte A
Artículos Periodísticos

Introducción a la Primera Parte

Esta primera sección del libro reúne una serie de artículos de mi autoría, publicados originalmente en el diario *El Cronista Comercial* a partir de agosto de 1978. No me considero periodista, ni por profesión ni por vocación. Mi formación como ingeniero y mi pasión como escritor han definido el enfoque de mis textos, alejándolos de la mera cobertura de noticias coyunturales.

Estos artículos, más que informar sobre hechos del momento, representan reflexiones profundas sobre eventos que, en su contexto, marcaron hitos y anunciaron transformaciones de largo alcance en la sociedad mundial. A través de ellos, busqué interpretar los cambios incipientes que moldeaban el rumbo de la historia, abordando temas con una perspectiva analítica y un enfoque que trasciende lo inmediato.

Esta recopilación no solo es un testimonio de una época, sino también una invitación a reflexionar sobre cómo los fenómenos que entonces eran novedad dejaron una huella perdurable en la dinámica global.

Fenómenos como la globalización y la transnacionalización de la economía, aunque ya habían comenzado a manifestarse, permanecían principalmente en el ámbito de los círculos especializados de economistas y académicos, lejos del conocimiento y la discusión del público en general. En este contexto, mis artículos aspiraban a ser un puente entre esas transformaciones complejas y una audiencia más amplia, ofreciendo interpretaciones accesibles y reflexivas que ayudaran a entender las implicancias de esos cambios emergentes.

Al mirar retrospectivamente, puedo afirmar que el tiempo ha sido generoso con estos escritos. Muchas de las evaluaciones y perspectivas que compartí entonces han mantenido su relevancia, y las tendencias que analicé continúan marcando el desarrollo de la sociedad global. Si bien algunas cuestiones han evolucionado de formas inesperadas, la esencia de las reflexiones plasmadas en esos textos sigue siendo vigente, demostrando que las ideas basadas en un análisis profundo y contextual trascienden las barreras del tiempo.

Hay que recordar que en 1978 el panorama político mundial aún estaba dominado por la Guerra Fría, una era de tensiones que dividía al planeta en dos bloques irreconciliables: Occidente, liderado por Estados Unidos, y el mundo comunista, encabezado por la Unión Soviética. Todavía faltaban más de una década para acontecimientos que cambiarían radicalmente el orden global, como la caída del Muro de Berlín en 1989, la disolución de la Unión Soviética en 1991 y el fin definitivo de la llamada Cortina de Hierro.

Por ello, los artículos que forman esta primera parte del libro fueron concebidos y escritos en un contexto de profundas divisiones ideológicas y políticas, donde los enfrentamientos entre estas dos superpotencias no solo moldeaban las relaciones internacionales, sino también las perspectivas económicas, sociales y culturales en casi todos los rincones del mundo. Mis reflexiones, realizadas en ese marco histórico, buscaron aportar claridad y análisis en un momento en que el futuro parecía estar definido por la confrontación entre esos dos grandes bloques de poder.

En la actualidad, no está del todo claro si aquella división del mundo ha sido completamente superada o si existe la posibilidad de que reaparezca bajo nuevas formas. Aunque la Guerra Fría, como tal, terminó con el colapso de la Unión Soviética, en el siglo XXI han surgido nuevas tensiones geopolíticas que recuerdan, en cierta medida, las rivalidades de aquella época.

La creciente competencia entre grandes potencias, los conflictos económicos y tecnológicos, y las diferencias ideológicas persistentes han generado una atmósfera de incertidumbre global. En este escenario, algunos analistas sugieren que podríamos estar entrando en una nueva era de bloques enfrentados, mientras que otros ven un mundo más fragmentado, sin las estructuras rígidas de la bipolaridad del pasado pero igualmente propenso a divisiones y enfrentamientos.

Es en este contexto que las reflexiones de aquellos años adquieren una dimensión renovada, ya que muchas de las dinámicas que entonces analizábamos —como los efectos de la globalización, el impacto de las tecnologías emergentes y los desafíos de la cooperación internacional— siguen siendo centrales para entender el presente y anticipar los posibles caminos del futuro.

1. EL MENSAJE DE LA RURAL

Noticias periodísticas recientes informan sobre la decepción en los círculos vinculados a la ganadería debido a los bajos precios obtenidos en los remates de reproductores durante la 101ª Exposición de Ganadería, Agricultura e Industria organizada por la Sociedad Rural Argentina. Sin embargo, hubo excepciones destacadas, como el récord alcanzado por el Gran Campeón de la tradicional raza Aberdeen Angus, vendido en 450.000 australes, y, en menor medida, los 60.000 australes obtenidos por el Gran Campeón Shorthorn.

La explicación de estas excepciones, particularmente en el caso del Angus, radica en la excelencia del reproductor, considerado uno de los mejores ejemplares del mundo. Fuera de estos casos puntuales, los precios pagados por los restantes animales están relacionados con la naturaleza económica de los bienes que representan. En efecto, cada uno de estos reproductores es un auténtico bien de capital, es decir, un medio de producción dentro del circuito productivo ganadero. En consecuencia, más allá de consideraciones de prestigio, la inversión que el productor rural está dispuesto a realizar en el mejoramiento genético de su rodeo depende de dos factores económicos fundamentales:

1. **La rentabilidad obtenida en el pasado inmediato**, que define su disponibilidad actual de recursos.
2. **La expectativa de rentabilidad futura**, que actúa como motor de la inversión.

Análisis de los factores

En el pasado inmediato, la ganadería ha sufrido un marcado proceso de descapitalización, evidenciado por varios indicadores:

- La reducción del stock ganadero en aproximadamente 10 millones de cabezas, pasando de 61 millones en los años

1977/78 a cerca de 52 millones actuales (1).

- La fase de bajos precios, a valores constantes, del novillo entre los años 1984/86, de la cual apenas se está saliendo en las últimas semanas, aunque el tiempo dirá en qué medida.
- La alta proporción de hembras en la matanza, que osciló entre el 45% y el 46% en 1985/86, un valor históricamente elevado con implicancias negativas para la recomposición del stock ganadero.

En cuanto a las expectativas de rentabilidad futura, es importante señalar que las exportaciones de carne han caído drásticamente al 9-10% del total de faena, frente a cifras históricas más cercanas al 20-25%. Además, la carne se ha convertido no solo en una variable dependiente del mercado externo, sino también en una herramienta para evitar un mayor deterioro del poder adquisitivo del consumidor argentino mediante precios bajos.

Conclusiones

Los bajos precios de los remates no deberían sorprendernos, pero representan una señal desfavorable para el país. Reflejan el proceso de desinversión que afecta a todas las actividades productivas desde mediados de la década de 1970. En el caso particular de la ganadería, el ciclo productivo de 3-4 años no puede competir con las colocaciones financieras, que penalizan las inversiones a largo plazo.

Por ello, una eventual mejora en los precios internacionales de la carne, incluso acompañada de un incremento en la participación de las exportaciones en la faena, podría no ser suficiente para inducir un proceso deseable de recuperación del stock ganadero, dada la mencionada tendencia adversa hacia las actividades productivas.

Tampoco resulta alentador el retroceso en la incorporación de nuevas razas vacunas, una auténtica revolución genética iniciada a comienzos del siglo XX con la introducción de las razas británicas, a la cual cada generación debería aportar su contribución.

Como expresó el presidente de la Sociedad Rural Argentina en su discurso inaugural: "Debemos aspirar a un auténtico pacto de la producción que nos permita eliminar obstáculos para lanzarnos sin temor a la creación de riqueza" (3).

Más allá del juicio que merezcan las herramientas propuestas por el señor Alchourrón, es positivo que los argentinos estemos identificando y debatiendo nuestros verdaderos problemas, en lugar de aferrarnos a fantasías ideológicas que, como en el caso de la ganadería, oscurecieron en el pasado reciente los auténticos intereses nacionales.

(1) Junta Nacional de Carnes

(2) **Tendencias Económicas** – Anuario 1986

(3) **El Cronista Comercial** – 10/8/1987, página 10

14/8/1987

2. ESPEJISMOS ECONÓMICOS Y FALSOS DETERMINISMOS

Las ventajas comparativas

La teoría de las ventajas comparativas es una consecuencia directa de la división del trabajo. Se trata de un principio intuitivo que parte de una formulación simple a nivel microeconómico: el dueño de un taller puede ser más hábil que uno de sus operarios para realizar un trabajo manual particular. Sin embargo, le conviene no dividir su tiempo entre las funciones directivas y las operativas, sino concentrarse en las primeras y pagar un salario a un obrero para que realice las segundas. Al operario, que es menos apto que el dueño en ambas funciones, le conviene, por su parte, dedicarse a las tareas manuales, donde su desventaja es menor. Así, al dedicarse cada uno a las funciones donde su ventaja comparativa es mayor (o su desventaja menor), la eficiencia global del sistema será máxima.

Existe una extensión clásica de este razonamiento a las relaciones macroeconómicas entre países, desarrollada por David Ricardo. En el siglo XVIII, Portugal podía producir vino y textiles a menor costo que Inglaterra. Sin embargo, como su ventaja era mayor en la producción de vino que en la de telas, el mejor arreglo para ambos países consistía en que Portugal se especializase en la industria vitivinícola e Inglaterra en la textil. Este principio, de forma explícita o implícita, está profundamente enraizado en el pensamiento económico occidental.

Sin embargo, examinemos con más detalle sus consecuencias. En el caso del taller, el arreglo provee una solución eficiente a corto plazo. Pero, si el operario no logra capacitarse en otro trabajo más lucrativo, el rezago económico respecto a su patrón será mayor a medida que crezca la empresa. De la misma forma, el Portugal del siglo XVIII sacrificó su crecimiento a largo plazo por ganancias circunstanciales. Así, dejó de lado la industria textil, considerada en su momento una "tecnología punta", y es aún hoy un país pobre y subdesarrollado, mientras que Inglaterra lideró la Revolución Industrial.

Estas reflexiones nos acercan a la esencia del problema: el principio de las ventajas comparativas no es en sí mismo erróneo. Proporciona una imagen estática esencialmente correcta, una fotografía instantánea de los puntos fuertes y débiles de un país. El error radica en tomar esa descripción puntual de la realidad como una imposición determinista inamovible y resignarse al papel que esta le adjudique.

Más adelante, se agrega:

"Japón pudo crear ventajas comparativas movilizando tecnología, capital y mano de obra calificada para atacar problemas o identificar oportunidades en sectores seleccionados. Crearon una ventaja comparativa a nivel nacional paralela a la estrategia de una compañía diversificada, que desplaza recursos de áreas menos prometedoras hacia otras con mayor potencial". (3)

El mensaje japonés es claro: en vez de aceptar pasivamente el rol que el azar, la demografía o la geografía parecían imponerle, Japón tomó su destino en sus manos y "fabricó" una ventaja comparativa diseñada previamente. Lo logró mediante una movilización masiva de recursos a nivel nacional, llevada a cabo esencialmente por empresas privadas.

¿Podrá Argentina tomar con igual resolución su destino en sus manos y escapar al "patrón latinoamericano de estancamiento y pobreza", que parece cada día más cercano?

16-8-1987

3.MALTHUS Y LOS RECURSOS ECONÓMICOS

Thomas Robert Malthus fue un economista inglés de fines del siglo XVIII y comienzos del XIX. Desarrolló sus funciones como pastor protestante en zonas pobres, donde entró en contacto con las miserias de la época. Volcó sus reflexiones en su obra *Essay on the Principle of Population* (1798, ampliada en 1803), que básicamente respondía a escritos utopistas que prometían una edad dorada mediante la abolición de la propiedad privada.

El argumento central del *Essay* puede resumirse así: si no se controla el crecimiento poblacional, esta se multiplica en progresión geométrica, mientras que los recursos para su sustento crecen solo en progresión aritmética. "No hay que entender mucho de números para comprender la enorme potencia de la progresión geométrica comparada con la aritmética", decía Malthus. Como consecuencia, la miseria, la pobreza, las enfermedades, la guerra y el hambre actuaban, según Malthus, como frenos naturales que regulaban automáticamente el exceso de población.

Además, Malthus propuso los llamados *preventive checks* o controles preventivos para limitar los nacimientos, entre los cuales solo aceptaba la abstinencia moral. Sin embargo, la condena política y eclesiástica de la época lo convirtió en un proscrito intelectual. Aunque su teoría era esencialmente demográfica, sus implicancias económicas y políticas fueron evidentes, atrayendo críticas, especialmente de Karl Marx, quien consideró que la explicación de Malthus sobre el exceso de población, basada en leyes biológicas, contrastaba con su propio enfoque, fundado en las leyes históricas de la producción capitalista.

El debate entre defensores y detractores de Malthus continúa hasta nuestros días, a menudo en forma velada. Los actuales argumentos malthusianos enfatizan que el planeta contiene reservas fijas de recursos, particularmente no renovables, de modo que cualquier consumo excesivo en el presente podría privar a las futuras generaciones, representando una malversación intergeneracional. La práctica de expresar las reservas de ciertos recursos (por ejemplo, hidrocarburos) en términos de "años de consumo" refuerza esta percepción de rigidez e inextensibilidad.

Nuevas perspectivas sobre Malthus

A los planteamientos tradicionales de Malthus se suma ahora una argumentación ecológica, que señala cómo la contaminación añade limitaciones adicionales al crecimiento industrial, agrícola y urbano. Esto ha creado una atmósfera cultural proclive a imponer límites al crecimiento y, en algunos casos, a proponer el "crecimiento cero" como única alternativa de supervivencia a largo plazo para la humanidad. Este concepto se traduce, por un lado, en medidas para el control de la natalidad, y por otro, en un sesgo antiindustrial, como si el progreso y la supervivencia fueran valores antagónicos.

Estos puntos de vista encuentran respaldo en realidades actuales:

- En muchos países subdesarrollados, el hambre y las calamidades siguen actuando como frenos efectivos al aumento poblacional.
- Algunas naciones superpobladas no logran combatir eficazmente la pobreza y la marginación.
- Las crisis petroleras desde 1973 han evidenciado la vulnerabilidad del desarrollo económico.

Estos ejemplos parecen confirmar la validez de la tesis de Malthus como una ley incontrovertible. Sin embargo, también existen hechos que la contradicen. En la época de Malthus, la población mundial era de aproximadamente 1.000 millones de habitantes; hoy supera los 8.000 millones. Aunque vastas áreas cultivables han sido añadidas, especialmente en América y Oceanía, la limitación de alimentos no ha impedido este crecimiento. Además, la tecnología y los recursos actuales permitirían alimentar a toda la población mundial si estuviera compuesta por consumidores solventes.

¿Es válida la ley de Malthus?

A nivel planetario, parece que la ley de Malthüs no se cumple. Sin embargo, para recursos individuales (especialmente no renovables), su teoría sigue vigente: la cantidad de hierro, aluminio o petróleo en la Tierra es limitada y, sin reciclaje, algún día se agotarán. No obstante, esta es una visión estática.

Nuestra civilización no requiere hierro, aluminio o petróleo como tales, sino materiales y fuentes de energía con propiedades específicas, que en el futuro podrían ser sustituidos por otros más accesibles conforme lo permitan las circunstancias económicas y tecnológicas. Por ello, el desarrollo actual no representa necesariamente una hipoteca para las generaciones venideras.

Como lo expresa Nathan Rosenberg:

"El legado económico que cada generación transmite está formado solo en parte por el medio natural. Los componentes más importantes de la herencia son conocimiento, tecnología, instrumentos de capital e instituciones económicas. Estos, mucho más que los recursos naturales, son los determinantes de la renta per cápita".

Referencias:

1. Heinrich K. Erben, *¿Se extinguirá la raza humana?*, Planeta, 1982.
2. Nathan Rosenberg, *Tecnología y Economía*, Gustavo Gilli, 1979, pág. 266.

31-8-1978

4.LA CULTURA FINANCIERA

Frecuentemente escuchamos que la "economía de la especulación ha desplazado a la economía de la producción". Esta expresión refleja el retroceso sufrido por los sectores industrial y agropecuario, y el crecimiento asimétrico del sector servicios, particularmente del financiero. Esto se evidencia al analizar las participaciones relativas de cada sector en el PBI, los capitales invertidos, el personal empleado o variables más cualitativas, como las perspectivas de desarrollo personal en las distintas áreas.

Cualquiera sea el ángulo considerado, el sistema financiero aparece como el más prometedor para destinar esfuerzos o capitales, aunque muchos han advertido que el crecimiento autónomo de las transacciones financieras, sin contrapartida en el sector real de la economía, es ficticio y solo puede terminar en el colapso de esa ficción.

Este análisis, básicamente correcto, se aplica habitualmente a la Argentina de la última década, atribuyéndose el origen de esta situación a errores u oscuras conspiraciones. Sin embargo, con frecuencia se pasa por alto que se trata de un proceso mucho más vasto, con consecuencias profundas en toda la trama socioeconómica mundial. Podemos, sin duda, hablar de una verdadera "cultura financiera" que ha desplazado las escalas de valores anteriores y cuyas consecuencias se sienten en la mayoría de las economías desarrolladas del planeta.

Fenómenos como el crecimiento del comercio mundial a partir de la década de 1950 y la necesidad de reciclar petrodólares desde 1973 impulsaron la internacionalización de la banca, el gran aumento del crédito privado internacional, la interconexión de mercados financieros antes aislados, y el desarrollo del sistema crediticio a gran escala. Esto creó espacios ampliados para la acción de los grandes bancos, que se han constituido en protagonistas de primer orden en el sistema económico internacional, superando en importancia a las principales empresas industriales e impregnando el sistema con sus propios valores.

Esta evolución, bien conocida en los países subdesarrollados, también ha tenido consecuencias profundas en los países desarrollados, tanto a nivel macroeconómico como microeconómico.

En efecto, la difusión en las empresas de sofisticadas técnicas de evaluación financiera de proyectos, coincidiendo con una etapa de altas tasas de interés globales, ha sometido las propuestas de inversión productiva a exigencias de tasas de retorno muy elevadas. Como resultado, solo una fracción de estos proyectos aparece como viable.

Estos análisis, en sí mismos racionales, han tenido la consecuencia macroeconómica no buscada de frenar la incorporación de tecnología, incluso en EE.UU. y Europa Occidental. Esto ha generado la paradoja de tener plantas e industrias obsoletas en países con una oferta de tecnologías avanzadas prácticamente ociosas.

De esta manera, gran parte de la industria estadounidense ha quedado rezagada, por ejemplo, en la introducción de robots en las líneas de montaje y en la adopción de maquinaria altamente automatizada. En estos campos, Japón lleva una notable ventaja, gracias a la abundancia de capital disponible a bajo costo para la industria, lo que puede atribuirse a la menor propensión al consumo de su población y a una orientación estratégica que prioriza consideraciones a largo plazo.

La racionalidad financiera introduce un sesgo fuertemente cortoplacista en la economía, privilegiando los rendimientos rápidos y fáciles por sobre las consideraciones de largo plazo. Esto penaliza proyectos industriales, que implican selección de tecnología, manejo de contingentes de mano de obra y largos períodos de recuperación de la inversión, con el consecuente peligro de obsolescencia. En general, todo emprendimiento realmente importante e innovador cuenta con una desventaja inicial, lo que fomenta el inmovilismo tecnológico.

Esto trae consigo otras consecuencias no económicas, como el menor prestigio de las tareas y profesiones relacionadas con la producción. De ello derivan las dificultades en EE.UU. para reclutar trabajadores fabriles, especialmente jóvenes con alto potencial, lo que a su vez alimenta el rezago industrial.

Esto estaría comenzando a cambiar, particularmente en EE.UU., como reacción frente a la pérdida de mercados por falta de competitividad, la desaparición de millones de empleos fabriles y la erosión del liderazgo industrial. Estas constataciones han provocado un profundo proceso de autocrítica, orientado a revertir el papel pasivo de la industria y convertirla en una ventaja competitiva significativa.

Este cambio representa una buena noticia también para Argentina, ya que reforzará nuestro propio proceso de cambio de valores, actitudes e instituciones, esta vez a favor de actividades humanas creativas.

Referencias:

1. Wickham Skinner, *Manufacturing: The Formidable Competitive Weapon*, J. Wiley & Sons, 1985, pp. 133, 136.
2. Idem, p. 219.

6/9/1987

5.FINANCIAMIENTO Y PRODUCCIÓN AGROPECUARIA

Tradicionalmente, el campo argentino fue un sector autofinanciado. Su rentabilidad histórica fue suficiente no solo para asegurar el mantenimiento de los campos en producción mediante el adecuado suministro de insumos y fondos para labores y arrendamientos, sino también para posibilitar la ampliación de áreas bajo cultivo, el mejoramiento de los establecimientos ganaderos e incluso volcar excedentes fuera del sector (inversiones en industrias, servicios, inmuebles urbanos y rurales).

Además de ser un sostén fundamental de la balanza de pagos del país, el agro ha sido proveedor de fondos y dinamizador de las restantes actividades económicas. Este esquema no fue eterno; duró hasta fines de la década del 70, cuando coincidieron una circunstancial bonanza cerealera con la ruina de las economías regionales y un poderoso mecanismo de succión de ingresos desde el campo (y también desde la industria) hacia las actividades financieras emergentes.

El resto es historia reciente: los fondos absorbidos no regresaron al campo ni lo harán en el futuro previsible, la rentabilidad agraria se deprimió globalmente por razones conocidas, y, por último, las condiciones climáticas adversas (unidas a la desidia de años) añadieron un tinte dramático al proceso.

El panorama actual muestra a las empresas rurales fuertemente descapitalizadas tras varios años de escasa o nula rentabilidad, un preocupante nivel de endeudamiento y un interrogante que años atrás habría sido impensable: ¿puede considerarse asegurada la financiación de la próxima campaña agrícola en el país?

La importancia de esta cuestión es evidente. La política económica de la Nación requiere un volumen significativo de aportaciones agropecuarias, cuya producción depende de múltiples factores. Entre ellos, la tierra y la mano de obra son importantes, pero la tecnología y los recursos financieros tienen una posición preponderante. Este planteo macroeconómico tiene una contrapartida a nivel del productor individual:

¿Qué mecanismos de financiación están disponibles actualmente, compatibles con la rentabilidad esperada?

- **Créditos de la banca comercial**: accesibles a empresas de cierta magnitud, en general resultan onerosos y están fuertemente condicionados a la existencia de garantías (hipotecas, prendas, avales).
- **Créditos de proveedores de insumos**: en general, a plazos cortos (30-60 días). Solo en ocasiones "calzan" con los ingresos provenientes de las cosechas y suelen ser difíciles de afrontar según las disponibilidades del productor.
- **"Planes canje"**: instrumentados por semilleros, proveedores de agroquímicos, etc., a veces en conjunción con exportadores de cereales, tienen como función proveer financiación de insumos "a cosecha". No requieren liquidez inmediata ni suponen tasas de interés flotantes, que podrían resultar ruinosas. Sin embargo, al fijar una relación de canje entre insumo comprado y quintales de cereal a entregar, pueden volverse onerosos según los movimientos de precios relativos.
- **Créditos de la banca estatal**: el Banco Nación implementa líneas específicas para distintos cultivos, que cubren aproximadamente el 50% de los costos, incluyendo semillas e insumos. Estos créditos a tasas especiales tienen un tope por productor en función de un máximo de hectáreas. También existen líneas para maquinaria agrícola, desarrollo ganadero, herbicidas y fertilizantes, financiadas parcialmente por el Banco Interamericano de Desarrollo. A pesar de esto, la dotación de fondos es insuficiente para cubrir la demanda

total.

- **Créditos de acopiadores y cooperativas**: tradicionalmente utilizados, pero actualmente limitados debido a la ajustada situación económica de estas instituciones. Incluso se han registrado concursos preventivos de numerosos acopiadores en distintas regiones del país.

Aparentemente, la Junta Nacional de Granos dispondría de créditos de origen externo por cien millones de dólares, destinados a su red de cooperativas y acopiadores, lo que proporcionaría algo de alivio al sector comercial.

Consecuencias previsibles del incierto cuadro financiero:

Librado a sus propios recursos, el productor se ajustará a las limitaciones de su capital de trabajo. En el sector ganadero, donde las perspectivas nacionales e internacionales son relativamente favorables, no se verifica un proceso de recomposición de stocks vía retención de vientres.

Las variables de ajuste incluirían:

- Reducción de las hectáreas sembradas.
- Reducción adicional de los rodeos.
- Reversión del incipiente proceso de incorporación de tecnología.
- Reducción de las labores al mínimo y estancamiento del bajo nivel de mecanización.

A nivel macroeconómico, esto podría derivar en la desaceleración de la investigación genética, menor interés en el estado sanitario de los rodeos y, eventualmente, el abandono de campos.

De este modo, las limitaciones financieras impedirían que el campo argentino aproveche las circunstancias relativamente favorables derivadas del alza en los precios internacionales y la eliminación o rebaja de retenciones.

Se requieren soluciones urgentes para preservar un factor fundamental de la producción que no figura en los manuales: **las ganas de producir.**

20 de septiembre de 1987

6. GLOBALIZACIÓN Y VOLATILIDAD

Situados en las márgenes del sistema económico y financiero mundial, los argentinos solemos tener una percepción parcial de los acontecimientos que en él ocurren, juzgándolos exclusivamente a través de su impacto en nuestra economía. De esta forma, a menudo permanecen fuera de nuestra vista ciertas claves que arrojan luz sobre las tendencias globales. Por ello, resulta valioso aprovechar ocasiones que nos pongan en contacto con fuentes del pensamiento económico internacional, que puedan brindar enfoques complementarios.

En el análisis de los discursos de expositores extranjeros, particularmente estadounidenses, presentados en la 5ª Convención de Bancos Privados Nacionales organizada por ADEBA, junto al intercambio de experiencias sobre privatización y desregulación de los mercados financieros, destaca un énfasis notable en la *"volatilidad"* de dichos mercados, asociada al carácter global que han adquirido. Este fenómeno se fundamenta en el prodigioso desarrollo tecnológico en el área de la informática y las comunicaciones desde la década de los 70.

A partir de entonces, se crearon nuevos "productos financieros", basados en la movilidad de capitales y el procesamiento de información con velocidad y complejidad crecientes, en un mercado que se tornó realmente internacional. En este contexto, espacio y tiempo dejaron de ser barreras para las transacciones financieras. La transmisión electrónica de las mismas sigue su curso por todo el planeta, limitada únicamente por los horarios de los diferentes mercados.

El carácter dinámico e intangible de estas negociaciones las hace altamente impredecibles e incontrolables. En su curso, intensos flujos de capital se mueven nerviosamente por todo el mundo, incentivados por pequeños o grandes desniveles en las tasas de interés, para luego evaporarse rápidamente.

El sector bancario, anteriormente considerado conservador y de aversión proverbial al riesgo, se ha transformado en uno de los más competitivos y dinámicos, asumiendo mayores riesgos, como los acontecimientos demostrarían posteriormente. Todo esto ha añadido una significativa dosis de incertidumbre a la economía mundial, afectando tasas de interés, relaciones de cambio entre divisas, oscilaciones en los mercados de valores, entre otros aspectos.

Las autoridades monetarias de las principales potencias económicas, inmersas en procesos de desregulación, aún no han logrado reelaborar sus normas sobre supervisión bancaria para adecuarlas a las nuevas realidades. Como consecuencia, se ha observado un proceso extendido de quiebra de bancos, fenómeno que los argentinos conocemos bien y que se ha reproducido en muchos países. En particular, este año en los EE.UU. se prevé la desaparición de aproximadamente 140 bancos.

Sin embargo, las repercusiones del proceso de globalización no se limitan a bancos o empresas específicas. En un sentido más amplio, el problema internacional de la deuda es solo un síntoma visible del vasto proceso de integración económica y financiera que se ha acelerado en los últimos años. Al internacionalizarse el sector financiero, se comunicó inestabilidad a las economías nacionales, no solo a las subdesarrolladas, lo cual estaría en el origen del problema de la deuda.

Frente a esta tendencia, basada en desarrollos tecnológicos ineludibles, es inútil oponerse al curso de los acontecimientos, ya que hacerlo solo implicaría un alto costo para cualquier país, grande o pequeño. En esta era de "democratización" de la información financiera y el dinero electrónico, las fronteras son particularmente permeables al movimiento de capitales, y las regulaciones gubernamentales para controlarlos suelen ser relativamente ineficaces, como lo demuestran múltiples procesos de fuga de capitales a nivel global.

El desafío que plantea esta tendencia, en la que globalización y volatilidad son dos caras de la misma moneda, radica en buscar los medios para crear un espacio donde puedan madurar las decisiones de inversión creativa. Sin estas inversiones, incluso las especulaciones más rentables no pueden sostenerse a largo plazo. Este espacio no debe concebirse como una burbuja aislante para los productores nacionales, ya que ello podría llevar a una desconexión dañina de las corrientes globales.

El retorno de la especulación a la producción no es solo una cuestión de voluntad, sino también de estrategia, reflexión y tenacidad. Este esfuerzo, si bien arduo, es indispensable. El costo de no lograrlo es alto: *"en la esfera económica, como en la naturaleza, aquellos que no se adaptan al entorno cambiante desaparecerán en el olvido."*

3/10/1987

Fuentes:

(1) John G. Heimann, *Reflections on the Financial System*, Convención de ADEBA.

(2) Gerald Corrigan, *Global Trends in Financial Markets*, ADEBA

7. LA TRANSNACIONALIZACIÓN DE LA ECONOMÍA

Diversas informaciones procedentes del exterior nos advierten sobre la vigencia de una nueva fase del proceso de transnacionalización de las economías en los países desarrollados. Este fenómeno se desarrolla principalmente a nivel de las grandes corporaciones, ya sea por medio de inversiones directas en el exterior o mediante alianzas y coaliciones entre empresas de distintos países industrializados.

Aunque las firmas multinacionales con numerosas filiales no son una novedad, lo distintivo de esta etapa actual radica en sus causas y características particulares. No se trata únicamente de acceder a recursos o mercados internos individuales protegidos por barreras aduaneras, sino de competir en un mercado mundial globalizado. Esto se logra a través de centros de producción estratégicamente ubicados en diferentes puntos del planeta, lo que protege a estas empresas de las rápidas fluctuaciones de las paridades entre las principales monedas. Estas variaciones, en el pasado, afectaron gravemente la competitividad de la industria estadounidense y ahora impactan en Europa y Japón.

Este enfoque permite a las corporaciones enfrentar de manera flexible el desafío que representan los enclaves exportadores del sudeste asiático, cuyo crecimiento rápido preocupa incluso a Japón. Al aprovechar las oportunidades para producir y vender desde las filiales más competitivas según la coyuntura, y al promediar los resultados obtenidos por sus distintas sucursales, estas empresas aseguran la estabilidad de ingresos necesaria para sus planes de investigación, desarrollo y expansión comercial.

Una motivación adicional es la complementación de productos entre las firmas aliadas, lo que facilita la oferta de "paquetes tecnológicos" a clientes que serían imposibles de alcanzar para empresas individuales. Esto es especialmente relevante en los mercados de productos de alta tecnología.

Además, contar con socios o filiales en los principales mercados consumidores permite eludir medidas proteccionistas, explícitas o implícitas, que rigen en dichos mercados. El carácter transnacional también da acceso a una variedad más amplia de fuentes de financiamiento, cada vez más integradas en un mercado financiero global.

Dado el carácter global de la competencia, solo las firmas líderes internacionales pueden aspirar a mantener el liderazgo en mercados individuales importantes. Los liderazgos nacionales aislados son cada vez más improbables.

Tensión entre lo global y lo nacional

Este proceso puede entrar en conflicto con las limitaciones impuestas por las soberanías nacionales, incluso en países industrializados. Según algunos análisis:

"Las nuevas realidades fuerzan a las corporaciones a pensar y actuar crecientemente en dimensiones horizontales y globales. Las lealtades nacionales se irán perdiendo a medida que las alianzas de corporaciones globales demuestren su conveniencia" (2).

Los gobiernos nacionales, percibidos como entes anacrónicos y atados a compromisos electorales, no siempre reaccionan con la rapidez requerida por la competencia mundial:

"Esto pone de relieve el problema de un mundo en el cual hay un mercado global poblado por instituciones globales, gobernadas por leyes nacionales que no necesariamente responden a las realidades del mercado competitivo en rápida evolución" (3).

El concepto de nación, una categoría relativamente reciente en la historia, podría experimentar una reformulación para adaptarse a esta nueva realidad, dependiendo de la relación de fuerzas entre sectores favorables y opuestos al proceso de transnacionalización.

El conflicto no solo es entre intereses nacionales y globales, sino también entre el marco jurídico, político y social relativamente estable de la nación y la alta volatilidad y oportunismo característicos de la competencia mundial.

El caso de Argentina

En este contexto, resulta urgente debatir qué postura debe adoptar Argentina. Esta discusión no debería estar teñida por consideraciones ideológicas o ilusorias, sino fundamentarse en una evaluación realista de las opciones disponibles. En un país donde los errores estratégicos no han sido infrecuentes, los riesgos incluyen:

1. Integrarse al sistema de manera que se limite el desarrollo industrial.
2. Quedar marginado del sistema global.

Este tipo de debate, por su complejidad, debe evitar los eslóganes simplistas. En lugar de consumir tiempo definiendo un modelo de país ideal, los argentinos deberíamos priorizar la discusión sobre nuestra inserción en el mundo real, en un mañana que se aproxima rápidamente.

Referencias

(1) Peter Drucker, "La trama económica es hoy transnacional", *The Wall Street Journal*, reproducido por ECC, 1/9/87.

(2) D.A. Sharp, "Economía mundial y proteccionismo", *The Wall Street Journal*, ECC, 10/6/87.

(3) John G. Heimann, "Global Trends in Financial Market Deregulation", Conferencia pronunciada en la 50ª Convención de ADEBA, 18/9/87.

5-10-1987

8. LA DIFÍCIL FORMACIÓN DE UNA CONCIENCIA ESTRATÉGICA

15-10-1987

(1)

Sin entrar en definiciones enciclopédicas, podemos concebir la estrategia como el arte (o la ciencia) de influir en acontecimientos que ocurrirán en el futuro mediante actos que deben realizarse hoy. Más que el carácter militar, económico, político, etc., o la magnitud de los problemas analizados, lo que define lo estratégico es su referencia continua a dos planos de tiempo. Por ello, la estrategia no tiene una connotación nebulosa o abstracta de los inciertos tiempos por venir, sino la intensa concreción de medidas que deben decidirse ahora.

Lo que separa a la estrategia de la quimera es que no se basa en modelos a priori —como el país de mis sueños—, sino en un análisis lo más objetivo posible del medio interno y el contexto externo. Analizando nuestra historia económica reciente —por ejemplo, los diez años transcurridos desde 1977—, se hace evidente que esta ha carecido de todo rumbo estratégico reconocible. Al margen de la bondad relativa de cada plan económico, hemos pasado de un esquema que privilegiaba el retorno a las exportaciones cerealistas a las actuales propuestas modernistas, cuyo horizonte no baja de la ingeniería genética y la superconductividad.

Entre ambos modelos hemos visto arruinarse la ganadería, numerosas economías regionales e incontables industrias que, con todas sus limitaciones, eran el fruto del esfuerzo de generaciones. Asimismo, nunca tuvieron claro los 30 millones de argentinos cuál era su rol: ¿exiliarse en la producción masiva de granos antes, o en las industrias de punta ahora?

Es que carecemos de un modelo de país que haya sido debatido, interpretado y asimilado por la sociedad argentina, y que cuente con el necesario consenso. No se trata de someter a toda la población a decisiones técnicas complejas para las que carece de la necesaria información, sino de debatir los principales trazos de un país a la vez deseable y posible, comenzando quizás en centros académicos y políticos, y sometiendo luego ese diseño a los distintos sectores de la sociedad, en un sentido descendente en cuanto a nivel de abstracción y ascendente en cuanto a riqueza y variedad. Esto permitiría que cada sector saque las consecuencias que le atañen e incorpore su aporte.

Las decisiones verdaderamente estratégicas —el elemento no académico— no deben consistir en elegir *a priori* la industria concreta X o el servicio Y, cuya selección podría resultar fruto de situaciones de auge transitorio o de razones de prestigio. Más bien, se trata de escoger ciertas variables en función del papel dinámico que se les asigne en el futuro previsible.

Así, el mítico MITI (ente planificador de Japón) no seleccionó la industria naval, electrónica o de equipos de oficina como tales, sino que apuntó —hace quizás 20 años— a una variable estratégica: industrias con alta elasticidad-ingreso y gran potencial de desarrollo tecnológico. Esta decisión, un tanto abstracta, fue digerida por el aparato productivo y transformada entonces en inversiones concretas, movilizando a la sociedad japonesa con resultados abrumadores.

Estados Unidos, necesitado de redefinir su papel económico internacional, es hoy escenario de un descarnado proceso de autocrítica en sus centros universitarios e industriales. De este surgirá, con toda seguridad, un nuevo perfil productivo, con rumbos a seguir, otros a mantener y otros a abandonar. La gran confianza puesta en los mercados como asignadores eficientes de recursos no implica el abandono de la reflexión estratégica, sino que supone su ejercicio más fino.

(2)

En Argentina, el estimulante redescubrimiento de la iniciativa privada —por ahora más a nivel teórico que práctico— no debe hacernos perder de vista lo siguiente: que no sea tarea del Estado planificar minuciosamente el presente y futuro del país no significa que no sea tarea de nadie. Por el contrario, la verdadera democracia económica implica la participación de numerosos agentes de distinta naturaleza —partidos políticos, círculos académicos, empresas, individuos— con proyectos complementarios, competitivos o incluso mutuamente excluyentes.

El peligro no proviene de la dificultad de compatibilizar estos proyectos divergentes —en definitiva, un problema técnico para el que se puede contar con el mercado—, sino de la imposición de proyectos hegemónicos sin consenso.

¿Qué tipo de objetivos deben plantearse para tal planificación estratégica a nivel nacional?

A mi entender, existen tres ejes prioritarios:

1. **Ampliar la base productiva** de manera sostenida durante un periodo suficientemente extenso. La actual base es demasiado estrecha, no solo en relación con el Estado hipertrofiado, sino también para sustentar una sociedad compleja y con expectativas como la nuestra.
2. **Diversificar la producción**, particularmente la exportable, para reducir la vulnerabilidad de nuestro sector externo, tradicional cuello de botella para nuestro desarrollo, potenciado ahora por la deuda externa.
3. **Incorporar valor agregado** —es decir, tecnología— a nuestros productos, especialmente los exportables, para evitar el deterioro de los términos del intercambio, una tendencia secular que nos condena a la pobreza creciente.

Estos (u otros mejores) objetivos no pueden buscarse directamente, sino que deben ser inducidos mediante políticas de largo plazo que estimulen procesos duraderos de formación de capital, promoción masiva de recursos humanos, difusión de técnicas de *marketing* internacional e ingreso en la nueva cultura de excelencia que se está gestando en el mundo.

Todas estas políticas, de contenido verdaderamente estratégico, deben a su vez propender a la formación —o quizás regreso— a una escala de valores en la que se privilegien la imaginación, el esfuerzo, la reflexión y la tenacidad.

15-10-1987

9. COEXISTENCIA PACÍFICA Y DESARROLLO

"Nuestra nueva situación en el contexto de la historia universal consiste en que la Humanidad solo puede sobrevivir o sucumbir conjuntamente. Tal alternativa no tiene parangón en la Historia y exige un modo de pensar que carece, igualmente, de ejemplos históricos". Así comienza la declaración conjunta titulada *"La controversia entre las ideologías y la seguridad común"*, emitida en agosto de este año por los principales teóricos del Partido Socialdemócrata de Alemania Occidental (SPD) y del Partido Socialista Unificado de Alemania Oriental (PSUA, comunista). Aunque poco difundida en nuestro medio, esta declaración contiene reflexiones de interés incluso para quienes no somos comunistas, socialistas ni alemanes.

Los firmantes destacan que, en la era nuclear, "la guerra no debe ser un medio político", ya que sería "el fin de toda política". Asimismo, afirman que un sistema eficaz y duradero de seguridad internacional debe abarcar no solo el ámbito militar, sino también los sectores político, económico y humanitario. Sin embargo, subrayan que las relaciones entre ambos sistemas no se caracterizan únicamente por intereses comunes o paralelos en proceso de aproximación, sino también, y de manera prioritaria, por intereses opuestos. Advierten que "habremos de vivir en la tensión entre consenso y conflicto". Concluyen que "la competencia y la cooperación entre los sistemas sociales no solo no se excluyen, sino que constituyen una unidad, aunque frecuentemente contradictoria".

En consecuencia, no debemos esperar un improbable estado idílico de armonía universal, sino más bien el desplazamiento definitivo de la lucha entre los sistemas (occidental y comunista) desde el campo bélico hacia la competencia política y económica. Según esta perspectiva, "cada sistema solo podrá demostrar las ventajas que se atribuye mediante el ejemplo que convenza a los hombres, dentro y fuera de sus fronteras". Es decir, los sistemas serán juzgados por los frutos de sus actos, dejando atrás los velos ideológicos que enturbian el entendimiento humano. Lo que importará serán los logros concretos en términos de progreso humano.

RESULTADOS PREVISTOS

¿Cuáles son los resultados esperados de este curso de acontecimientos? Según la declaración, "la colaboración entre los sistemas y los estados deviene una condición previa para el desarrollo de las economías nacionales y de la economía mundial, para la solución gradual de los problemas globales de la Humanidad, para la superación de la pobreza y el subdesarrollo... en pocas palabras, para el desarrollo de la civilización humana". Este mensaje esperanzador aporta reflexiones valiosas sobre el verdadero rol de los partidos políticos en la proyección de un mundo mejor.

PERSPECTIVAS HISTÓRICAS

Estas ideas no son nuevas ni exclusivas de la izquierda política. En el otro extremo del espectro ideológico, Zbigniew Brzezinski, ideólogo "halcón" estadounidense y asesor de Seguridad Nacional de Carter, escribió en 1970: "Bajo la presión de la economía, la ciencia y la tecnología, la Humanidad avanza sistemáticamente hacia la cooperación en gran escala". Según él, el instrumento de esa cooperación sería una comunidad de naciones desarrolladas, capitalistas y comunistas, que actuarían "fundadas en una conciencia global emergente, y no sobre las viejas rivalidades". Un espíritu, y hasta un lenguaje, no muy distintos del usado por los teóricos alemanes.

BALANCE ACTUAL

Desde finales de los años 50, se ha debatido en nuestro entorno sobre la posibilidad de que la coexistencia pacífica redirigiera recursos antes destinados al esfuerzo bélico hacia inversiones productivas en países subdesarrollados. Sin embargo, aunque la coexistencia pacífica se ha mantenido con altibajos, no logró reducir el esfuerzo armamentista, sino que desplazó la competencia nuclear a niveles cada vez más absurdos. Contrariamente a las expectativas, la brecha entre los países desarrollados y subdesarrollados se ha ampliado dramáticamente.

CONCLUSIÓN

A la luz de lo expuesto, cabe preguntarse: ¿Qué grado de acierto tendrán los alentadores análisis de los partidos alemanes? ¿La historia dará un nuevo giro, postergando nuevamente a los países rezagados? ¿Acaso estas predicciones responden más a un anhelo humano recurrente que a una realidad viable?

Por un lado, la economía mundial ha demostrado que no necesita incorporar masivamente a las poblaciones del Tercer Mundo para sostener su crecimiento, pues el desarrollo tecnológico ha proporcionado un dinamismo suficiente. Por otro lado, el comunicado del SPD-PSUA se redactó en un contexto alentador: la firma del acuerdo para la eliminación de misiles de alcance medio entre EE. UU. y la URSS. El tiempo dirá si este hecho marca el inicio de un verdadero proceso de desarme que libere fondos para otros usos. Además, queda por ver si se cumplen las expectativas de una competencia pacífica entre los sistemas, donde "ambas partes deberán aceptar ser juzgadas según sus realizaciones y éxitos, o sus errores y fracasos".

ECC 24-10-1987

10. INTERROGACIÓN VÁLIDA A NUESTRO PASADO

Una actitud característica de políticos y hombres públicos estadounidenses, europeos y japoneses —provenientes, pues, de países singularizados por su pujanza y apertura al futuro— es la de reflexionar sobre sus problemas actuales a la luz de las experiencias recogidas de su propio pasado nacional. Particularmente, se enfocan en aquellas fases históricas más progresistas y llenas de logros, sobre las cuales existe mayor consenso entre sus conciudadanos.

Lejos de ser reaccionaria o anacrónica, esta apelación a los valores que inspiraron a generaciones pasadas tiene el efecto de galvanizar voluntades en torno a tareas actuales ambiciosas. Esto se debe a que se demuestra que dichas tareas están en línea con un patrimonio histórico que todos reconocen como propio. Sin embargo, esta mirada exige abordar el pasado no con sumisión o servilismo, sino con espíritu crítico y perspectiva histórica, lo que permite seleccionar las enseñanzas positivas del pasado en función de sus frutos.

Asimismo, deben evitarse los dogmatismos nacionales o ideológicos, y reconocerse con madurez la ambivalencia de la mayoría de los personajes históricos, quienes estuvieron condicionados culturalmente por su tiempo.

En nuestro país, la interrogación al pasado en busca de claves no es frecuente. Diversos sectores políticos hacen referencia, a menudo abusiva, a sus propios panteones, tradiciones y rituales. Sin embargo, pareciera que los argentinos, como conjunto, tenemos poco en común. Nuestros próceres son vistos solo como figuras de bronce, sin nada que comunicarnos. Pocas de sus opiniones son conocidas por nosotros, y las que lo son tienen un carácter más épico que profundo.

Las referencias a otros contextos para obtener enseñanzas suelen provenir del exterior y no de nuestro propio acervo. Mirar hacia afuera es esencial para contar con puntos de referencia adecuados en tecnología, formas de vida, y tendencias económicas, pero nadie se sustenta si no es sobre sus propios pies.

¿Tenemos los argentinos valores en nuestro pasado que puedan servirnos como guía hoy?

A pesar del escepticismo, en parte justificado, la respuesta es afirmativa. La gesta que va desde Mayo hasta la independencia fue una epopeya bélica, aunque más bien alejada de nuestra realidad actual. Sin embargo, el brillante período que comienza en 1853 y culmina en el Centenario nos ofrece pautas valederas.

En poco más de medio siglo se constituyó la Nación. La comparación con un lapso similar desde 1930 hasta la actualidad produce vértigo. Si hoy nos sentimos abrumados por los conflictos y limitaciones presentes, reflexionemos sobre la realidad de mediados del siglo XIX: un país desgarrado por luchas civiles que parecían eternas, un paisaje dominado por el desierto, caseríos miserables, y la amenaza del malón a las puertas de Buenos Aires. Apenas había producción agrícola o industrial, más allá del tasajo y alguna artesanía.

Cincuenta años después, Argentina figuraba entre los diez primeros países del mundo. Esta transformación fue obra de unas pocas generaciones que interpretaron correctamente las oportunidades de su tiempo.

Aprender del pasado, sin repetirlo

No se trata de reclamar la restauración de aquella realidad ni de reimplantar las soluciones de entonces. El mundo brutal, pero estable y simple de aquella época, ya no existe. Lo que debemos buscar es nuestro rol en este mundo complejo, incierto y en constante mutación.

La similitud entre las situaciones radica en que, al igual que entonces, hoy debemos reinterpretar el rumbo de los acontecimientos mundiales y visualizar claramente nuestra inserción en ellos. En la etapa iniciada en 1853, Argentina supo aprovechar un cambio tecnológico crucial: las nuevas técnicas de congelamiento de carnes, que permitieron conectar las pampas con los mercados europeos, dando lugar a una prolongada prosperidad ganadera.

Este avance técnico fue acompañado por otros: alambrados, molinos de viento, razas vacunas británicas y agricultura cerealista. Además, llegaron contingentes de inmigrantes que transformaron al país no solo étnica, sino también económica y culturalmente, junto con ingentes capitales.

El legado de quienes arriesgaron

¿Qué creencias y objetivos motivaron a los hombres que impulsaron estos cambios? Arriesgaron mucho: comenzaron como una élite consolidada que gobernaba un país pastoril escaso y disperso, y terminaron cediendo el poder a fuerzas generadas por el proceso que ellos mismos indujeron.

Por otro lado, ¿qué expectativas tenían nuestros bisabuelos al abandonar la miseria, pero también la seguridad, de la Europa del siglo XIX para venir a este desierto? También ellos arriesgaron.

Conocer este contexto de ideas y visiones no es un mero ejercicio nostálgico. Nos permite recrear y extraer conclusiones de una época de profundas transformaciones que nos resulta más cercana y familiar.

Hoy la situación es distinta: el país ya no se dirige desde un reducido cenáculo. Sin embargo, hace falta una generación que esté dispuesta a correr riesgos nuevamente y que visualice cuáles son los "alambrados y molinos de viento" del siglo XXI, para que podamos festejar otro Centenario como uno de los países más prósperos del mundo.

9/11/1987

11. LA RACIONALIDAD ECONÓMICA

El núcleo de la controvertida teoría de las expectativas racionales radica en la idea de que los agentes económicos tienen la capacidad de tomar decisiones correctas al anticipar el efecto de las medidas antiinflacionarias del gobierno, neutralizando así su impacto. Según este enfoque, cuando alguien apuesta su patrimonio a un determinado curso de acción, lo hace porque discierne claramente cuáles son sus intereses y actúa en consecuencia.

Este tipo de hipótesis constituye la base de la teoría económica, dado que la suma de estas conductas individuales tiene consecuencias importantes a nivel macroeconómico. Sin embargo, la economía no se ocupa de juzgar los fines que esas decisiones sirven; simplemente constata que los agentes se adaptan al contexto económico de forma constante, so pena de desaparecer como tales. No obstante, es evidente que la prosperidad y el bienestar de una nación dependen en gran medida de las decisiones y actitudes concretas de sus ciudadanos e instituciones, particularmente en cuanto a cómo ahorran, invierten, producen y consumen. En última instancia, dependen de la calidad de esos fines individuales.

¿Será precisamente en la calidad de estos fines donde radica la diferencia entre sociedades progresistas y pujantes y nuestra estancada sociedad argentina? ¿Seremos, en definitiva, víctimas de nuestra propia avaricia, irresponsabilidad e insolidaridad social? No faltan creencias populares ni argumentos de ciertos representantes oficiales —no solo de este gobierno, sino también de anteriores— que así lo afirman. Según esta visión, Argentina sería una jungla de evasores, inescrupulosos y especuladores sin alma, entre otras "fieras" del zoo económico, que convergen en un pantano irrecuperable.

Si bien la codicia existe en nuestro medio —probablemente en la misma proporción que en cualquier otra parte del mundo—, este tipo de argumentación pesimista tiene un cierto aroma a excusa y autojustificación, especialmente cuando proviene de los sucesivos gobernantes. En efecto, hemos dicho que los agentes económicos se adaptan al contexto en el que viven, y sus fines estarán guiados por las percepciones que tienen de ese mismo entorno.

En nuestro país, este contexto está determinado en un grado exagerado por las acciones gubernamentales. Es decir, aunque los resultados de la economía global dependen de los fines individuales agregados, en Argentina, más que en otros países, estos dependen de las políticas concretas del gobierno. La política económica del país no es, pues, la simple suma de las decisiones de los agentes, sino algo que las preexiste y determina. Esto no exime a cada individuo de su cuota de responsabilidad —en cuyo caso sería una doctrina peligrosa—, pero coloca las cargas donde corresponde.

Cuando analizamos los comportamientos económicos colectivos que han logrado extender los beneficios de la ciencia y la civilización a la mayoría de los americanos, europeos occidentales y japoneses, y los comparamos con los comportamientos a veces autodestructivos de la economía argentina, lo que en primer término estamos evaluando es la calidad de las políticas —no solo económicas, sino también educativas y sociales— a lo largo de períodos prolongados de tiempo, más que las calidades morales de sus habitantes.

Si la percepción de un individuo sobre el futuro es que cualquier emprendimiento productivo lo expondrá, además de a los riesgos comerciales lógicos, a efectos fiscales, financieros o regulatorios arbitrarios e impredecibles, sin la contrapartida de beneficios proporcionales, difícilmente su decisión racional sea invertir en el sector real de la economía. Si anticipa medidas antiinflacionarias, impositivas o recesivas, la teoría de las expectativas racionales asegura que descontará estas previsiones en sus decisiones, procurando evadir las consecuencias que considere ruinosas.

Esto puede derivar —sin entrar en el terreno de la ilegalidad— en comportamientos que, juzgados colectivamente, resultan poco solidarios o antagónicos con los fines de la dirección económica nacional. Es precisamente en esta contradicción entre la racionalidad económica individual y la general donde reside el estrangulamiento de las iniciativas creativas de los argentinos, fuente de frustración. Pareciera que lo que beneficia a los particulares perjudica a la Nación, y viceversa.

Esta tensión no es nueva ni exclusiva de Argentina, pero en las naciones progresistas es solo una faceta de una relación Estado-individuo más rica, donde ambos comparten un camino amplio de intereses convergentes. En estas sociedades, los aportes y sacrificios individuales se traducen en nuevas realidades ubicadas en planos socioeconómicos superiores.

Lo que se requiere, entonces, es una política donde el interés general converja con las racionalidades individuales, en vez de desarticularse en un mar de tendencias centrífugas.

14/11/87

Parte B

El Desarrollo Económico Sustentable de Argentina

PRESENTACIÓN:

La segunda parte de *Horizontes Reflexivos* incluye un capítulo para analizar los desafíos y oportunidades de la Argentina contemporánea: el artículo "**Argentina y su Futuro: El Perfil Productivo Sustentable**". Este trabajo, reconocido con el **Primer Premio en el Concurso Giovanni Agnelli**, constituye una reflexión profunda sobre el perfil productivo del país y su transición hacia un modelo sustentable. La distinción fue otorgada en el marco de un certamen organizado por FIAT en memoria de uno de sus máximos referentes.

El concurso, diseñado para promover el debate en torno a la industria y sus desafíos, contó con el respaldo de las siguientes instituciones:

- **La Maestría de Periodismo del Grupo Clarín y la Universidad de San Andrés**
- **La Fundación Noble**
- **La Unión Industrial Argentina (UIA)**
- **La Asociación de Fábricas de Automotores (ADEFA)**
- **La Asociación de Fabricantes de Autopartes (AFAC)**
- **La Asociación de Concesionarios de Automotores de la República Argentina (ACARA)**
- **La Asociación de Editores de Diarios de Buenos Aires (AEDBA)**

En este artículo se abordan los retos estructurales de la industria nacional, proponiendo un modelo productivo que equilibre la modernización tecnológica y el respeto por el medio ambiente. Estas propuestas se fundamentan en la necesidad de políticas públicas que impulsen la competitividad y fomenten un desarrollo sustentable, tanto económica como socialmente.

El artículo fue evaluado por un jurado interdisciplinario compuesto por:

- **El Director de la Maestría de Periodismo del Grupo Clarín y la Universidad de San Andrés,**
- **Columnistas de los diarios *Clarín* y *La Nación*,**
- **Académicos de la Universidad de San Andrés**, y
- **Representantes del Grupo FIAT**.

Este panel de expertos garantizó una evaluación rigurosa y multidimensional, destacando la relevancia y profundidad del análisis presentado.

Reconocimiento y Proyección

El impacto de este trabajo no se limitó al ámbito académico. Tras recibir el Premio Giovanni Agnelli, el artículo fue presentado y leído durante la **Asamblea Anual de la Unión Industrial Argentina (UIA)**, un foro crucial para los principales actores del sector productivo del país.

Esta oportunidad permitió que las ideas y reflexiones contenidas en el texto contribuyeran al debate sobre el desarrollo industrial en la Argentina, subrayando la importancia de un enfoque sostenible y estratégico para enfrentar los desafíos futuros.

ARGENTINA Y SU FUTURO: EL PERFIL PRODUCTIVO SUSTENTABLE

El futuro de nuestro país depende del hallazgo de un perfil productivo que pueda satisfacer las necesidades y aspiraciones de sus gentes, y a la vez pueda ser mantenido en el tiempo, con las adaptaciones que la realidad y evolución tecnológica impongan, sin producir agotamiento de los recursos vitales del país.

Dicho perfil se ha ido conformando históricamente como respuesta de los agentes a las políticas de gobierno, no solo económicas, sino también poblacionales, educacionales, de ocupación del territorio y proyectos geopolíticos. Así, la pulsión por poblar el desierto, formar una Nación, proveer medios para la defensa, realizar proyectos de prestigio, adhesión a ideologías globalés y otros factores fueron dando forma a los sucesivos esquemas de producción, fomentados o desalentados por las demandas de los mercados mundiales: cueros, carne, tanino, cereales, y ahora soja y oleaginosas . Un debate lúcido sobre que podía y debía producir Argentina para una inserción dinámica en el mundo, de forma tal que la propia evolución de la economía mundial sea una fuerza impulsora para el desarrollo nacional, se produjo quizás solo en dos oportunidades: a fines del siglo XIX, con la expansión de la frontera agrícola, y en la breve presidencia Frondizi en la década del 60. En el resto de nuestra historia, el esquema productivo fue solo un subproducto de programas financieros y la búsqueda de adaptación a los mismos de los agentes

productores. Carecemos pues de un consenso de lo que debemos producir y de los

sacrificios necesarios para lograrlo, dando lugar a falsas dicotomías entre campo e industria, industria ligera y pesada, industria y servicios, etc.

La sustentabilidad ambiental del progreso material no fue nunca una consideración importante. Así, fueron agotados los quebrachales de Santiago del Estero y norte de Santa Fe, erosionadas amplias zonas de pampas por sobrepastoreo y sobrecultivo, extenuadas las pobres tierras patagónicas por exceso de carga de ganado ovino, venteado el gas natural durante décadas y estamos actualmente consumiendo las reservas petrolíferas sin hacer lo necesario para reponerlas mediante prospección geológica..

Los agentes privados solo pueden atenerse a los marcos regulatorios e incentivos que un país ofrece para desarrollar sus actividades, y es tarea de los gobiernos definir esos marcos e incentivos en función de un paradigma estudiado y explícito. Inglaterra creó su marina mercante y de guerra en la época de Cromwell, Alemania su industria en tiempos de Bismarck, EE.UU. su potencia económica desde el siglo XVIII, Rusia salió de su condición pastoril luego de 1917, mas modernamente Japón y Corea, y en la presente etapa China e India. Dichos desarrollos fueron el producto de programas conscientes, que usando las fuerzas poderosas del mercado, aplicaban recursos escasos a áreas que se visualizaban como promisorias.

¿Qué características ha de tener un modelo sustentable de desarrollo industrial en Argentina

Debe tener en cuenta tres factores fundamentales: dotación de recursos del país, contexto económico mundial, y decisión política compartida-por la población.

Con respecto a los recursos, es natural tener presehte en primer término la dotación con que la naturaleza y la historia han provisto a la Argentina: amplios espacios, una frontera agrícola aun en expansión, abundancia de agua dulce al menos en comparación con standards mundiales, amplias costas oceánicas con potencial pesquero, variedad de climas con predominio del clima templado, sin duda el mas apto para actividades productivas y asentamiento humano, y una potencialidad minera que se presume grande.

Pero es ésta una definición estática de los recursos, que sin duda brinda una excelente base para el desarrollo económico, pero de por si no garantiza nada. En la actual sociedad mundial del conocimiento el recurso fundamental reside en las mentes y brazos humanos. Los inventarios cuantitativos de recursos naturales y de población tienen menor importancia que la composición cualitativa de ésta última: su nivel de educación general,

la densidad de la educación científica y técnica en particular, la actitud hacia el progreso y el cambio, la laboriosidad y responsabilidad y amor al trabajo, y la disponibilidad para actuar en proyectos compartidos.

También desde este punto de vista Argentina ha sido bien dotada. Aunque las instituciones coloniales propendían al lucro fácil y a las actividades rentísticas, la generación de 1880 creó condiciones favorables al espíritu pionero, y las corrientes inmigratorias trajeron consigo tradiciones y ambiciones que transformaron decisivamente la conciencia argentina. La difusión relativamente temprana de la educación general, antiguos hábitos de ahorro, la aventura de la colonización agrícola, la creación de industrias con esfuerzo personal y familiar, son ejemplos de ello. Lamentablemente, con ciertos acontecimientos políticos del siglo XX y comienzos del XXI, eSta cultura del trabajo, el estudio y la toma de riesgos se erosionó, básicamente por estímulos y señales erradas, de origen demagógico, o por desconocimiento o pereza intelectual de las elites. Sin embargo, el sustrato anterior permanece y resurge cada vez que se dan condiciones mínimas.

El segundo aspecto es el del contexto mundial. Desde este punto de vista, Argentina es por el momento sujeto pasivo de su influencia, con pocas posibilidades de incidir en los acontecimientos mundiales. La tendencia hacia la globalización es innegable y cualquier país que pretenda ponerse a su margen lo hará a sus expensas. Esto no significa la adaptación pasiva a los intereses exteriores, sino la búsqueda militante de un lugar en el mundo-uno, de acuerdo a un programa propio. El papel de granero del mundo o del MERCOSUR, adecuado para la segunda mitad del siglo XIX, es mezquino para una Nación de 37 millones de habitantes con legítimas intenciones de elevar su nivel de vida. La industria y servicios, modernos y diversificados, constituyen la única alternativa. Los argentinos deberemos competir en el ancho mundo por las inversiones necesarias para hacerla realidad.

Llegamos por fin al tercer punto, la decisión política de definir un perfil productivo sustentable, basado en un amplio consenso en la población.

El sector agrícola evidencia tener los incentivos para invertir en la incorporación de nuevos campos y en tecnología. A pesar de las retenciones a la exportación, tanto la estructura de costos, los actuales precios internacionales de las *commodities* y la tipo de cambio proporcionan un margen de beneficios suficiente para mantener y expandir las inversiones en el sector. Preocupa la sustentabilidad del sistema, dado que está, en marcha un proceso de reemplazo de bosques y otros cultivos clásicos, tales como el algodón, por la omnipresente soja. Aun cuando se debe aprovechar el buen momento para este cultivo, deben prevenirse consecuencias indeseadas, tales como la pérdida de mercados internacionales para los productos sustituidos, la tendencia al monocultivo con la vulnerabilidad económica para el país que ella representa, la pérdida de diversidad biológica, y el éxodo rural por la concentración de explotaciones.

Dentro de los sectores primarios, la ley de minería parece propender a la asunción del riesgo minero. Debe vigilarse este sector clave, pleno de posibilidades para el país, quedebe presumirse geológicamente tan rico como Chile y Perú, cuyas economías descansan en gran medida en esta actividad. En particular el sector petrolero requiere grandes inversiones en prospección para mantener y ampliar la cobertura en años del consumo representada por las reservas, que han bajado pronunciadamente en los últimos años. Es evidente el carácter estratégico de reservas alejadas de los principales centros productores del mundo, saturados de conflictos políticos y bélicos.

El sector pesquero cuenta también con excelentes posibilidades, con el riesgo nunca lejano de la sobreexplotación de este recurso inmenso pero frágil, donde los cupos de extracción deben ser definidos científicamente. Argentina debe custodiar celosamente su litoral marítimo; aquí pues se unen economía y defensa y seguridad.

Los recursos forestales son otra de las áreas donde el país cuenta con ventajas competitivas notables, por el crecimiento volumétrico anual de los árboles en comparación con otras regiones del mundo. La conexión natural de esta riqueza potencial es la industria de celulosa y papel, donde hacen falta enormes inversiones por su economía de escala.

Pero son las industrias manufactureras y las de proceso las que pueden cambiar a fondo el destino de la Nación y sus habitantes. No hay otro sector que pueda multiplicar el valor agregado en el país de forma tal de dar un salto cuantitativo y cualitativo en las cifras del PBI, en la estructura social, en el avance científico y técnico y en el rol de la Argentina en el mundo. El sector servicios se adecuará probablemente al nuevo perfil productivo del país sin incentivos gubernamentales específicos, con el requisito sin embargo de un marco jurídico claro y estable.

La industria, por su densidad y plazo largo de maduración de sus inversiones, su necetdad de planificar a largo plazo y su complejidad tecnológica creciente requiere un marco legal, financiero, de seguridad y laboral propicios.

En el contexto global presente, el acceso a un mercado interno relativamente pequeño y de poder adquisitivo débil como el argentino, no asegura inversiones en la cuantía necesaria. Hay que tener en cuenta además el deslumbramiento que al presente ejercen sobre las empresas industriales internacionales los mercados de China y de Asia-Pacífico en general, y Brasil y Méjico en nuestro ámbito más cercano. Brasil ha absorbido gran parte de las Inversiones productivas del área en los últimos 30 años.

Dentro de las industrias de proceso, la petroquímica tiene una importancia fundamental por el gran valor que agrega a sus materias primas, básicamente gas natural y petróleo. Desde el punto de vista de generación de empleo tiene importancia en el nivel profesional y técnico, y menor en la de menor clasificación. Por otro lado, provee materias primas a una enorme diversidad de industrias, creando un complejo de industrias subsidiarias. La petroquímica ya tiene un papel relevante en Argentina, y existen grandes proyectos de ampliación e capacidad, frenados sin embargo por la curva descendente de reservas de sus materias primas, gas y petróleo, ya aludida.

La industria siderúrgica tiene una masa crítica importante y ha realizado inversiones en tecnología de significación. Además, ha logrado un cierto proceso de internacionalización que le debiera permitir continuar con su actualización técnica y en costos.

La industria textil y de confecciones, con una amplia trayectoria en nuestro país, se ha ido especializando en nichos rentables tanto en tejido de punto como de lanzadera, que les permiten competir por diseño y moda por su proximidad en el mercado interno, y crecientemente en la exportación.

Las llamadas industrias culturales, particularmente el mercado editorial librero, tiene un

potencial enorme, particularmente en Latinoamérica y la colectividad hispanoparlante de **EE.UU.** ya fue líder indiscutido en el pasado y cuenta con el capital humano de la calidad necesaria para competir exitosamente con España, México y Colombia.

El **complejo automotriz**, que incluye terminales, autopartistas, servicios a la producción y el circuito comercial, es probablemente el sector con mayor repercusión económica debido al valor de su producción, la cantidad y calidad de mano de obra empleada, la incorporación continua de tecnología, la adopción de normas internacionales de calidad y la promoción de capacidades gerenciales.

Dado que las terminales automotrices planifican su producción a escala regional o mundial, es imprescindible crear las condiciones necesarias para que estas decidan producir el máximo posible de partes, con el mayor valor agregado, en nuestro país. También es fundamental ampliar nuestra participación en etapas como el diseño, la fabricación de matrices y la definición de procesos.

Requisitos fundamentales para un perfil productivo sustentable:

1. **Resolver los cuellos de botella en infraestructura**, incluyendo:
    - Producción, transporte y distribución de energía.
    - Combustibles.
    - Comunicación en su sentido más amplio.

Es indispensable solucionar los problemas legales y de precios de servicios pendientes para atraer nuevamente el flujo de inversiones hacia estos sectores y cerrar la brecha existente desde 2001.

1. **Fomentar la educación científica y técnica**:
    - Priorizar disciplinas como ingeniería y escuelas técnicas adaptadas a las necesidades productivas de cada región.
    - Recuperar los buenos antecedentes del país en este ámbito, descuidados desde la década de los 90.
2. **Debate sobre el perfil productivo sustentable**:
    - Partir de actividades existentes y consolidadas, reconociendo que la competencia internacional puede erosionar algunas de ellas.
    - Implementar estrategias de reposicionamiento en nichos específicos y realizar inversiones tecnológicas para mantener posiciones logradas.
    - Abandonar subsectores marginales y poco competitivos, como aquellos excesivamente intensivos en mano de obra, en los que no se puede competir con países de salarios estructuralmente bajos.
3. **Fomentar nuevas industrias**:
    - Seleccionar sectores donde el país ofrezca condiciones adecuadas, como:
        - **Biotecnología**: aplicaciones agropecuarias, médicas y alimentarias.
        - **Tecnología de alimentos** y **ciencias de la salud**: con bases sólidas en el país.
        - **Petroquímica**: para aprovechar hidrocarburos extraídos localmente o importados.
        - **Industria automotriz**: fabricación de modelos tecnológicamente superiores.
        - **Maquinaria agrícola, herramientas y electrodomésticos**: nichos con experiencia acumulada.

Medidas de promoción:

- Desgravaciones impositivas.
- Amortización acelerada de activos.
- Facilidades para la importación de equipos.
- Compartir costos de investigación y desarrollo.
- Sincronización de esfuerzos entre industria, universidades e institutos de investigación nacionales hacia objetivos consensuados.

El objetivo no es prolongar la existencia de industrias inviables, sino actuar como un **"nursery" de nuevas industrias**.

> Las medidas de promoción deben ser claras y transparentes, y abiertas a los todos postulantes viables. La selección debe ser sin embargo cuidadosa, pues se estarán usando recursos públicos escasos. En el caso de promociones regionales, deben apoyarse en ventajas competitivas permanentes, de modo que la industria no emigre al terminar la promoción, y no debe tener como consecuencia la desindustrialización de otras zonas del país.

En resumen, es necesario recrear la cultura del trabajo, la capacitación y el riesgo en los ciudadanos, y de la responsabilidad y la creatividad en las distintas elites. Estos valores, oscurecidos por otros desvalores por un período demasiado largo, tienen sin embargo fuertes raíces en el espíritu nacional.

Parte C

Otros Artículos

1. BUENOS AIRES-CIUDAD EXITOSA

Décadas de retroceso material, social y moral han concentrado la atención de los porteños en los problemas irresueltos, incluyendo la inseguridad, las inundaciones, la inadecuación de los servicios, etc. Así, han perdido la perspectiva de lo que la ciudad ha sido, de lo que aún conserva y en lo que puede transformarse.

Como motor de los países desarrollados y exitosos del mundo, hay un elenco de ciudades de nivel internacional que son la punta de lanza de la presente civilización mundial.

No nos referimos solo a las grandes urbes como Nueva York, Tokio o Londres, sino a ciudades como Milán, Barcelona, Toronto, Sydney, Sao Paulo, y otras, que constituyen el alma productiva y la avanzada cultural de sus respectivos países y aun regiones.

Esto trae para sus habitantes consecuencias positivas desde los puntos de vista de empleos de calidad, nivel de vida, prestigio internacional, turismo, exportación de valor agregado, influencia cultural, autoestima, y la creación de una marca-ciudad.

Buenos Aires puede convertirse en una de esas ciudades. Debe para ello solucionar sus problemas de seguridad e infraestructura, tomar las riendas de su destino sin dependencias del poder central, y pensar en grande.

Para ello debe inventariar sus potencialidades y recursos. A una geografía libre de terremotos, huracanes y otros fenómenos naturales, con posibilidades de expansión territorial poco menos que infinitas, sin conflictos políticos,sociales o nacionales internos irresolubles, y una infraestructura mejorable al infinito pero existente, suma su recurso fundamental: el factor humano.

La ciudad posee una población universitaria de aproximadamente 300.000 estudiantes, y una cantidad equivalente de graduados en todas las disciplinas. A pesar del retroceso cultural de los últimos tiempos, se trata de la mayor concentración de talento en el mundo de habla hispana.

Las políticas del gobierno de la ciudad deben propender a desarrollar estas potencialidades en corto plazo. Para ello debe focalizaar los recursos (siempre escasos) y la legislación en el desenvolvimiento de actividades seleccionadas, tal como hicieron Japón, Corea después de la 2° Guerra Mundial.

Creo que el debate sobre estas actividades debe ser abierto. Propongo algunas ideas que por estar asentadas en realidades existentes, son de concreción rápida:

- Industrias culturales: Buenos Aires fue el centro editor del mundo hispano-parlante en la posguerra. Hoy ese mundo ese mucho mayor y mas lucrativo. Puede fácilmente recuperar este lugar, extendido a las industrias cinematográfica, discográfica, etc.
- Biociencias e industria farmacéutica (llamadas conjuntamente Ciencias de la Vida) , para lo cual tenemos una base de lanzamiento existente.
- Software: profesionales de nivel internacional y bajos costos. Puede convertirse en líder en desarrollos en castellano.
- Turismo
- Diseño: consolidar un diseño industrial, textil, grafico propios pero exportables.
- Educación: esta es no solo un deber del gobierno para con los habitantes, sino una actividad que puede ser de alto valor agregado, si convertimos a Buenos Aires nuevamente en una Meca para estudiantes latinoamericanos.

Obviamente la lista puede ser mayor. Lo esencial es dejar de lamerse las heridas y adoptar una visión optimista del mundo, y ver que la globalización es no solo una amenaza sino también una oportunidad.

7-3-2007

2. ARGENTINA Y SU FUTURO:

3. El principio

4. ¿Qué características ha de tener un modelo sustentable de desarrollo industrial en Argentina?

5. Debe tener en cuenta tres factores fundamentales:

6. .Dotación de recursos del país.

7. .Contexto económico mundial.

8. .Decisión política compartida por la población.

9. 1) La dotación de recursos

10. Con respecto a los recursos, es natural tener presente en primer término la dotación con que la naturaleza y la historia han provisto a la Argentina: amplios espacios, una frontera agrícola aun en expansión, abundancia de agua dulce al menos en comparación con standards mundiales, amplias costas oceánicas con potencial pesquero, variedad de climas con predominio del clima templado, sin duda el mas apto para actividades productivas y asentamiento humano, y una potencialidad minera que se presume grande.

11. Pero es ésta una definición estática de los recursos (...) que, de por si no garantiza nada. En la actual sociedad mundial del conocimiento el recurso fundamental reside en las mentes y brazos humanos.

12. Los inventarios cuantitativos de recursos naturales y de población tienen menor importancia que la composición cualitativa de ésta última: su nivel de educación general, la densidad de la educación científica y técnica en particular, la actitud hacia el progreso y el cambio, la laboriosidad y responsabilidad y la disponibilidad para actuar en proyectos compartidos.

13. También desde este punto de vista Argentina ha sido bien dotada(...). La difusión relativamente temprana de la educación general, antiguos hábitos de ahorro, la aventura de la colonización agrícola, la creación de industrias con esfuerzo personal y familiar, son ejemplos de ello.

14. Lamentablemente, con ciertos acontecimientos políticos del siglo XX y comienzos del XXI, esta cultura del trabajo, el estudio y la toma de riesgos se erosionó, básicamente por estímulos y señales erradas, de origen demagógico, o por desconocimiento o pereza intelectual de las elites. Pero el sustrato anterior permanece y resurge cuando se dan condiciones mínimas.

15. 2) El contexto mundial

16. El segundo aspecto es el del contexto mundial. Desde este punto de vista, Argentina es por el momento sujeto pasivo de su influencia, con pocas posibilidades de incidir en los acontecimientos mundiales. La tendencia hacia la globalización es innegable y cualquier país que pretenda ponerse a su margen lo hará a sus expensas. Esto no significa la adaptación pasiva a los intereses exteriores, sino la búsqueda militante de un lugar en el mundo—uno, de acuerdo a un programa propio. El papel de granero del

mundo o del MERCOSUR, adecuado para la segunda mitad del siglo XIX, es mezquino para una Nación de 37 millones de habitantes con legítimas intenciones de elevar su nivel de vida.

17. La industria y servicios, modernos y diversificados, constituyen la única alternativa.

18. 3) Consenso social

19. Llegamos por fin al tercer punto, la decisión política de definir un perfil productivo sustentable, basado en un amplio consenso en la población.

20. El sector agrícola evidencia tener los incentivos para invertir en la incorporación de nuevos campos y en tecnología. A pesar de las retenciones a la exportación, tanto la estructura de costos, los actuales precios internacionales de las commodities y el tipo de cambio proporcionan un margen de beneficios suficiente para mantener y expandir las inversiones. Preocupa la sustentabilidad del sistema, dado que está en marcha un proceso de reemplazo de bosques y otros cultivos clásicos, tales como el algodón, por la omnipresente soja (...).

21.

22. Dentro de los sectores primarios, la ley de minería parece propender a la asunción del riesgo minero. En particular el sector petrolero requiere grandes inversiones en prospección para mantener y ampliar la cobertura en años del consumo representada por las reservas, que han bajado pronunciadamente en los últimos años (...).

23. El sector pesquero cuenta también con excelentes posibilidades, con el riesgo nunca lejano de la sobreexplotación de este recurso inmenso pero frágil, donde los cupos de extracción deben ser definidos científicamente(...).

24. Los recursos forestales son otra de las áreas donde el país cuenta con ventajas competitivas notables, por el crecimiento volumétrico anual de los árboles en comparación con otras regiones del mundo(...).

25. Pero son las industrias manufactureras y las de proceso las que pueden cambiar a fondo el destino de la Nación y sus habitantes. No hay otro sector que pueda multiplicar el valor agregado en el país de forma tal de dar un salto cuantitativo y cualitativo en las cifras del PBI, en la estructura social, en el avance científico y técnico y en el rol de la Argentina en el mundo.

26. El sector servicios se adecuará probablemente al nuevo perfil productivo del país sin incentivos gubernamentales específicos, con el requisito sin embargo de un marco jurídico claro y estable.

27. La industria, por su densidad y plazo largo de maduración de sus inversiones, su necesidad de planificar a largo plazo y su complejidad tecnológica creciente requiere un marco legal, financiero, de seguridad y laboral propicios.

28. En el contexto global presente, el acceso a un mercado interno relativamente pequeño y de poder adquisitivo débil como el argentino, no asegura inversiones en la cuantía necesaria. Hay que tener en cuenta además el

deslumbramiento que al presente ejercen sobre las empresas industriales internacionales los mercados chino y de Asia-Pacífico en general, y Brasil y México en nuestro ámbito mas cercano.

29. Brasil ha absorbido gran parte de las inversiones productivas del área en los últimos 30 años.

30.

31. Dentro de las industrias de proceso, la petroquímica tiene una importancia fundamental por el gran valor que agrega a sus materias primas, básicamente gas natural y petróleo. Desde el punto de vista de generación de empleo tiene importancia en el nivel profesional y técnico, y menor en la de menor clasificación. Por otro lado provee materias primas a una enorme diversidad de industrias, creando un complejo de industrias subsidiarias (...).

32.

33. La industria siderúrgica tiene una masa crítica importante y ha realizado inversiones en tecnología de significación. Además, ha logrado un cierto proceso de internacionalización que le debiera permitir continuar con su actualización técnica y en costos.

34. La industria textil y de confecciones, con una amplia trayectoria en nuestro país, se ha ido especializando en nichos rentables que les permiten competir por diseño y moda por su proximidad en el mercado interno, y crecientemente en la exportación.

35. Las llamadas industrias culturales, particularmente el mercado editorial librero, tiene un potencial enorme (...).

36. El complejo automotriz, incluyendo terminales, autopartistas, servicios a la producción y circuito comercial, es seguramente el que tiene mayor repercusión económica por el valor de su producción, la cantidad y calidad de mano de obra ocupada, la incorporación permanente de tecnología, la adopción de normas internacionales de calidad y la promoción de la capacidad gerencial. Dada la política de complementar la producción en distintos países en cuanto a modelos y partes, se deben crear las condiciones para que las terminales, que planifican a escala regional o mundial, decidan producir el máximo posible de partes y con el máximo valor agregado posible, en nuestro país. También es fundamental ampliar la participación en las etapas de diseño, fabricación de matrices y definición de procesos.

37. El primer paso

38. Un primer requisito fundamental para hacer posible un perfil productivo sustentable en el país es resolver los cuellos de botella de infraestructura, incluyendo producción, transporte y distribución de energía, combustibles, y comunicación en el más amplio sentido. No hay decisión de invertir allí donde estos temas no estén resueltos (...).

39. Otro requisito básico es retomar el fomento a la educación científica y técnica en forma prioritaria, desde las distintas disciplinas de ingeniería hasta escuelas técnicas, adaptadas a las necesidades productivas de cada región.

Nuevamente, en este campo Argentina ha tenido buenos antecedentes, descuidados en la década de los 90.

40. El debate sobre el perfil productivo sustentable debe partir de las actividades ya existentes y consolidadas, y reconocer que el paso del tiempo y la competencia internacional erosionan las bases de algunas de ellas, para lo cual estrategias de reposicionamiento en nichos seleccionados serán necesarias (...). En otros casos habrá que abandonar algunos subsectores, donde el país detente posiciones marginales y poco competitivas, por ejemplo actividades muy labor—intensivas (...).

41. Nuevas industrias

42. Para suplir esas bajas y elevar la productividad social deben seleccionarse industrias nuevas, donde Argentina ofrezca condiciones adecuadas. Mientras que es ya tarde para lograr cierto liderazgo en el mercado de electrónica de consumo, las biotecnologías tienen amplias posibilidades de desarrollo en sus aplicaciones agropecuarias, médicas y en la industria de alimentación y bebidas.

43. La tecnología de alimentos y las ciencias de la salud, de previsible crecimiento constante en el mundo, tienen bases sólidas en el país de las cuales partir. La petroquímica ofrece aún posibilidades para un mayor aprovechamiento de los hidrocarburos extraídos en el país o aun importados, y en la producción de materiales mas sofisticados.

44.

45. La industria automotriz podrá ofrecer la fabricación de modelos siempre tecnológicamente superiores y mas seguros. Las industrias de máquinas herramientas, maquinaria agrícola y de electrodomésticos ofrecen nichos en los que el país cuenta con experiencia.

46. Las medidas de promoción incluirán desgravaciones impositivas, amortización acelerada de activos, facilidades para la importación de equipos, compartir costos de investigación y desarrollo, sincronización de tareas entre industria, universidades e institutos nacionales de investigación, hacia objetivos precisos y consensuados.

47. Las medidas de promoción deben ser claras y transparentes, y abiertas a los todos postulantes viables. La selección debe ser sin embargo cuidadosa, pues se estarán usando recursos públicos escasos. En el caso de promociones regionales, deben apoyarse en ventajas competitivas permanentes, de modo que la industria no emigre al terminar la promoción, y no debe tener como consecuencia la desindustrialización de otras zonas del país.

48. En resumen, es necesario recrear la cultura del trabajo, la capacitación y el riesgo en los ciudadanos, y de la responsabilidad y la creatividad en las distintas elites. Estos valores, oscurecidos por otros desvalores por un período demasiado largo, tienen sin embargo fuertes raíces en el espíritu nacional.

49. El debate sobre el modelo productivo sustentable en el país aún es incipiente. Este es un aporte del ganador del Premio Giovanni Agnelli, instituido por el Grupo Fiat con

el objetivo de promover el debate en torno a la industria y sus desafíos.

3.VIOLENCIA POLÍTICA EN AMÉRICA

14-7-2020

Introducción

La actual ola de violencia y vandalismo en los Estados Unidos en relación con el denominado movimiento BlackLivesMatter (BLM) tiene antecedentes fuera de ese país, tanto en los métodos empleados como en la red tejida a nivel mundial en torno al caso.

Ahora me referiré al denominado Caso Santiago Maldonado en Argentina y señalaré las similitudes con el BLM. Antes de entrar en el tema, quiero destacar que, lamentablemente, no es la primera vez que Argentina sirve como campo experimental para probar técnicas de terror que luego se utilizan en otras partes del mundo. En efecto, los atentados contra la Embajada de Israel en 1992 (con más de treinta muertos) y la AMIA, la Mutual de la comunidad judía en 1994 (con 85 fallecidos), ambos en Buenos Aires, realizados bajo la iniciativa y planificación de las autoridades iraníes, sirvieron como preludio a los tremendos eventos del 11 de septiembre en Nueva York y numerosos actos terroristas en Europa y otras regiones, llevados a cabo por diversos grupos islámicos radicalizados, tanto chiitas como sunitas.

El hecho de que Argentina, y Buenos Aires en particular, hayan sido elegidos como campo experimental se debe a la debilidad de las agencias de inteligencia del país y a las complicidades de ciertos sectores políticos minoritarios que encubrieron esas acciones.

Antes de hablar específicamente del caso Maldonado, es necesario dar un contexto enmarcado dentro del tema del grupo étnico indígena mapuche.

Los Mapuches

Los mapuches, o araucanos como históricamente se les llamó, son uno de los pueblos originarios del territorio que hoy corresponde a la República de Chile, separados de Argentina por la alta barrera de los Andes, con picos que alcanzan los siete mil metros (alrededor de 23,000 pies). Siempre fue una tribu guerrera que combatió contra otros grupos étnicos indígenas y que incluso fue responsable, en su expansión hacia el norte alrededor del año 1250, de destruir el Imperio de Tiahuanaco, que fue el precursor del Imperio Inca en Perú, el cual apareció medio siglo después.

Como pueblo, llegaron al actual territorio argentino en 1830 cruzando los Andes por pasos montañosos que conocían. Estaban comandados por un cacique llamado Yanquetruz y eran un número reducido, en total unos cien guerreros. Para entonces, Argentina ya era un país independiente y soberano. A partir de esa invasión, los araucanos se expandieron hacia el este y el sur del inmenso territorio patagónico, derrotando a los verdaderos pueblos originarios, llamados tehuelches, que eran étnicamente diferentes, más primitivos, numéricamente escasos y dispersos en dicho territorio. Los restos de los tehuelches fueron asimilados por los invasores mapuches.

Los araucanos o mapuches combatieron en Chile destruyendo numerosas poblaciones y no fueron completamente derrotados ni por las fuerzas chilenas ni en los primeros combates contra el ejército argentino. Los malones o incursiones mapuches en territorio argentino tenían como uno de sus objetivos el robo de ganado, que luego era llevado a Chile a través de senderos secretos en la cordillera de los Andes y cambiado por armas de fuego, con las que luchaban contra el ejército argentino, que finalmente los dominó en la llamada Campaña del Desierto llevada a cabo por el general Roca, quien más tarde sería presidente del país.

Hoy en día, el pueblo mapuche residente en Argentina está integrado en la nación y goza de los mismos derechos que otros habitantes. Numerosas reservas en las provincias patagónicas albergan a sus miembros, quienes han vivido en paz durante más de un siglo y cuyos hijos se han integrado al Ejército Argentino.

Sin embargo, el 13 de marzo de 2015, una comunidad mapuche llamada Movimiento Autónomo Mapuche de Puel Mapu (MAP) se asentó en tierras pertenecientes a una estancia privada, en una ruta nacional y a la orilla del curso superior del río Chubut, en la provincia del mismo nombre, en la Patagonia argentina. Alegaron supuestas reclamaciones de tierras ancestrales, aunque, como se explicó anteriormente, la llegada de los mapuches a Argentina fue posterior a la llegada de los blancos. En septiembre de 2016, activistas mapuches interrumpieron un tren turístico y posteriormente repitieron bloqueos de caminos, ocupaciones ilegítimas de campos, robos de ganado y actos de vandalismo.

Un asesor del gobierno argentino elaboró una tesis explicando que el activismo mapuche cuenta con el apoyo de varias organizaciones internacionales, incluidas el Mapuche International Link en Bristol, Reino Unido; la Association Amérique Indienne de Bélgica; el Indigenous Council of the Netherlands; el Institut für Theologie und Politik, y la International Network to Support the Pehuenche People de Alemania.

En 2016, un líder autoproclamado llamado Facundo Jones Huala se instaló en una comunidad de Cushamen, Argentina, huyendo de Chile, donde era buscado por abuso de armas y entrada ilegal a ese país. Jones fue detenido en el sur de Argentina y las autoridades argentinas iniciaron el proceso de extradición a Chile. También fue acusado de haber incendiado un refugio en la ciudad argentina de Bariloche. La oposición a su extradición desató disturbios en el sur del país.

El caso Maldonado

Santiago Maldonado era un artesano itinerante y tatuador nacido en la lejana Provincia de Buenos Aires, y no tenía origen étnico mapuche; según expresó a sus amigos, era políticamente anarquista.

El 1 de agosto de 2017, Maldonado participó en una protesta de la comunidad mapuche en la región de Cushamen, en la provincia de Chubut. La manifestación bloqueó la Ruta Nacional 40, una carretera clave en el sur de Argentina. La protesta fue organizada en apoyo a Facundo Jones Huala, quien estaba en prisión preventiva mientras se tramitaba su extradición a Chile. La Gendarmería Nacional, actuando bajo una orden judicial, dispersó la protesta para restablecer el tráfico en la ruta.

Durante los enfrentamientos, un grupo de manifestantes, incluido Maldonado, se refugió en la propiedad privada ocupada por los mapuches, ubicada a orillas del río Chubut. Según testimonios, algunos lograron cruzar el río, mientras que otros permanecieron ocultos en la zona. Maldonado fue visto por última vez en ese contexto, y su desaparición desató una intensa polémica y cobertura mediática.

Desde el principio, ciertos sectores políticos y mediáticos afirmaron que Maldonado había sido secuestrado o desaparecido por la Gendarmería Nacional, acusando al gobierno de Mauricio Macri de complicidad en un presunto caso de represión estatal. Estas acusaciones, sin pruebas iniciales, polarizaron a la opinión pública y generaron una movilización masiva, tanto en Argentina como en el extranjero, similar al impacto que generaría más tarde el movimiento BlackLivesMatter.

El caso Maldonado también fue utilizado como herramienta política en un año electoral, siendo manipulado para criticar al gobierno de turno. Sin embargo, la investigación judicial avanzó y, el 17 de octubre de 2017, el cuerpo de Maldonado fue encontrado en el río Chubut, cerca del lugar de los enfrentamientos.

La autopsia determinó que Maldonado murió por ahogamiento y que no había signos de violencia en su cuerpo. Estas conclusiones contradijeron las narrativas iniciales que sostenían que había sido víctima de desaparición forzada. A pesar de los resultados científicos, ciertos sectores continuaron utilizando el caso para mantener viva una agenda política.

Paralelismos con BlackLivesMatter

El caso Maldonado y el movimiento BlackLivesMatter comparten varios aspectos en cuanto a la forma en que se manejaron los eventos en la esfera pública y mediática:

1. **Explotación de una tragedia individual para construir una narrativa global**: En ambos casos, la desaparición o muerte de un individuo fue utilizada como símbolo de una problemática más amplia, ya sea la violencia estatal o el racismo sistémico.
2. **Movilización internacional**: Tanto el caso Maldonado como el BLM lograron generar resonancia más allá de las fronteras nacionales, con el apoyo de organizaciones internacionales y cobertura mediática global.
3. **Uso político de la narrativa**: En ambos escenarios, los eventos fueron aprovechados por ciertos sectores políticos para criticar a las autoridades y generar divisiones en la sociedad.

Conclusión

El caso Santiago Maldonado es un ejemplo de cómo los eventos locales pueden ser manipulados y amplificados en el escenario global, especialmente en una era dominada por las redes sociales y los medios digitales. Las similitudes con el movimiento BlackLivesMatter muestran un patrón en la forma en que ciertas agendas se construyen y se difunden, utilizando tragedias individuales como catalizadores para movilizar opiniones y generar cambios políticos o sociales.

4. PERFIL PRODUCTIVO DE LA CIUDAD AUTÓNOMA DE BUENOS AIRES

1. **Introducción:** Desde la crisis del 2001/2002, y aún antes desde la recesión de finales de los 90, la política argentina ha girado exclusivamente en torno a los graves problemas económicos y sociales que requerían atención urgente. Lo mismo ha ocurrido con la política de la CABA. Poco o nada se ha hecho o dicho en cuanto a las capacidades y potencialidades de este distrito. Lo que aquí se propone es realizar un "giro copernicano" político, mirar no solo cómo atender las necesidades presentes, sino cómo explotar los recursos existentes y crear de CABA una ciudad de nivel internacional, comenzando con el aspecto productivo, es decir, los medios de vida de su población.

Para ello es necesario analizar la dotación de recursos de la misma, sus limitaciones, el perfil de actividades de alto valor agregado factibles, las medidas para promoverlas y las necesidades de infraestructura a tal fin. Vamos a comenzar con una especie de análisis FODA de la CABA (Fortalezas, Oportunidades, Debilidades y Amenazas).

1. **Debilidades y Limitaciones:** La CABA presenta a sus 3,5 millones de habitantes en una superficie extendida, sin problemas graves de hacinamiento o sobre población. Sin embargo, como todo centro poblado de importancia, no puede albergar industrias altamente contaminantes en líquidos, sólidos o gases. Su infraestructura de cloacas, agua potable y tendido eléctrico está prácticamente operando a plena capacidad y en gran medida es obsoleta, requiriendo grandes inversiones solo para mantenerla en funcionamiento y satisfacer el crecimiento poblacional, que no es muy alto en

comparación con otras metrópolis. Además, sus vías de comunicación internas son insuficientes para las necesidades actuales.

Todo esto excluye la posibilidad de establecer industrias de gran escala con alta producción de residuos, transporte masivo de materias primas y productos terminados, y altos requisitos energéticos, como industrias petroquímicas, químicas, derivadas del petróleo, papel, automotrices, siderúrgicas, textiles, entre otras.

Otra limitación creciente es la seguridad, tanto delictiva como la generada por grupos que actúan con total impunidad y a veces con financiamiento estatal. Si no se controla, podría evolucionar hacia situaciones como las de São Paulo y Río de Janeiro, vulnerables ante bandas delictivas incluso dentro de las cárceles.

1. **Fortalezas y Recursos:** En primer lugar, se destaca la alta disponibilidad de una población capacitada en diversos oficios y profesiones. Con más de un cuarto de millón de estudiantes, es sin duda la mayor concentración universitaria de América Latina y una de las mayores del mundo. Sin embargo, persiste el problema de la distribución de estos estudiantes en diversas carreras, con una subrepresentación en ingeniería y ciencias exactas y naturales, debido en parte al retroceso industrial sufrido en la década de los 90, que apenas comienza a revertirse ahora. Lo mismo ocurre con los graduados en diferentes disciplinas. Esto representa una formidable masa de talento infrautilizado, inigualada incluso por São Paulo, una gran metrópolis industrial con universidades de élite.

La ciudad también alberga centros de investigación en diversas ciencias, aunque en general son de escala modesta y enfrentan problemas de financiamiento y de conexión con centros de investigación globales y la industria local.

Otros recursos de la CABA incluyen buenas conexiones de transporte con el resto del país, un puerto importante aunque costoso e ineficiente debido en parte a regulaciones sindicales, un aeropuerto internacional de tamaño mediano aunque con notorias deficiencias, una red de comunicaciones aceptable, una tradición industrial y artesanal que ha retrocedido pero no desaparecido completamente, y canales comerciales desarrollados a nivel nacional. Además, es un centro financiero importante, aunque con un nivel de bancarización de la población insuficiente.

1. **Amenazas y Oportunidades:** Se podría pensar que las bombas que podían explotar en Argentina ya lo han hecho en 2001/2002 o han sido desactivadas, lo cual es cierto en el plano macroeconómico. Sin embargo, quedan amenazas latentes:
2. **Problema Energético:** Producción petrolera y gasífera en declive constante en los últimos años, con un pronóstico de pérdida de autosuficiencia a corto plazo. Falta de inversiones en la red de transporte y distribución, y retrasos en la construcción de plantas de energía térmica o nuclear y en la ampliación de turbinas hidroeléctricas. Estos problemas, que afectan al país en general, tienen un fuerte impacto en la CABA.
3. **Empeoramiento de la Situación Social en el Sur de la CABA y el Conurbano:** Consecuencias para la seguridad y costos de subsidios para paliar el problema. Esto solo puede ser corregido de manera sostenible con empleo.
4. **Competencia Global:** La evolución del desarrollo en China e India, que ya han desplazado a México y países centroamericanos del mercado estadounidense en áreas

importantes como textiles y confecciones. Este desplazamiento podría convertir nuevamente a Argentina en un mercado agrícola exportador basado en monocultivos como la soja, limitado para una población de 40 millones. Esto tendría fuertes repercusiones en la CABA, el centro principal de la zona industrial del país. Todo esto habría sido gravemente afectado si se hubiera avanzado con la zona de libre comercio con China, promovida por K y luego convenientemente silenciada.

Respecto a las oportunidades, estas deben buscarse no solo en las ventajas comparativas estáticas tradicionales (producción de alimentos en la Pampa Húmeda), sino también en áreas basadas en los recursos intelectuales mencionados anteriormente y que se intentará desarrollar. Esto permitirá no solo crear empleo, sino sobre todo empleos de calidad.

1. **Targeting:** Es crucial trazar un perfil productivo coherente con las fortalezas y debilidades delineadas, explotando el potencial de la población de la ciudad. Se debe determinar qué actividades conviene promover, concentrando los recursos siempre escasos de la CABA en actividades de alto retorno en términos de valor agregado, empleos calificados, y inserción en el comercio internacional, entre otros.

Entre las actividades industriales propuestas se encuentran las siguientes, con una breve justificación. Todas son actividades existentes pero que aún están lejos de alcanzar su máximo desarrollo posible:

4.1. **Industrias Culturales:** Buenos Aires fue en la década de 1940 una verdadera Meca editorial en el mundo de habla hispana, en parte debido a la presencia de refugiados republicanos españoles que fundaron muchas de las principales editoriales del país. Argentina y especialmente la CABA pueden recuperar ese rol, aprovechando su mejor calidad respecto a competidores actuales como México, Colombia y España. El mercado hoy es más solvente, especialmente considerando el mundo hispanohablante en los EE.UU. Las actividades incluyen decisiones editoriales, traducción, corrección e impresión, no solo en libros, periódicos y revistas, sino también en industrias cinematográficas y discográficas que actualmente carecen de presencia internacional debido a problemas de escala.

4.2. **Diseño:** Incluye diseño industrial, textil y gráfico, áreas que han crecido en el país pero aún no han alcanzado un desarrollo más allá de aplicaciones de pequeña escala. Un diseño específicamente argentino es fundamental para el desarrollo de una "marca país".

4.3. **Turismo:** Es un sector en crecimiento vigoroso, cuyo principal condicionante es la seguridad.

4.4. **Confecciones:** Buenos Aires, en particular, contaba con una importante industria de confecciones con alta ocupación de mano de obra femenina. Es difícil competir con el sudeste asiático en costos laborales para productos masivos, pero es posible en numerosos nichos con diseños adecuados.

4.5. **Biociencias:** Este campo está en crecimiento y ofrece grandes perspectivas, tanto en salud humana y animal como en aplicaciones agronómicas. Argentina tiene una base sólida en estas actividades, con un potencial significativo para aplicaciones, especialmente en conocimientos agrícola-ganaderos, dada su ubicación en la Pampa Húmeda.

4.6. **Industria Farmacéutica:** El país cuenta con una industria farmacéutica muy desarrollada, aunque presenta carencias en investigación básica. Esto limita su competitividad a nivel global. Sin embargo, el potencial es enorme, especialmente en la producción de medicamentos genéricos y biosimilares, y en la asociación con centros de investigación locales e internacionales.

4.7. **Artesanías:** Tanto la ciudad como el país han sido históricamente ricos en tradiciones artesanales. Es fundamental tomar medidas para preservar estos oficios antes de que se pierdan debido a la falta de traspaso generacional. Países europeos cuentan con ministerios dedicados exclusivamente a las artesanías, un modelo que podría inspirar políticas locales para promover este sector y fomentar el turismo cultural.

4.8. **Educación:** La educación es un área en crecimiento en la CABA, con una gran oferta de universidades públicas y privadas. Existe la posibilidad de transformar a la ciudad en un centro cultural de referencia para América Latina, atrayendo estudiantes internacionales interesados en aprender español. Los factores clave para lograr esto son la excelencia académica, el reconocimiento mundial de las instituciones educativas y garantizar la seguridad personal de los estudiantes extranjeros.

4.9. **Producción de Software:** El sector del software es uno de los de mayor crecimiento en la actualidad, tanto en la ciudad como en el país. La demanda global por soluciones tecnológicas y la calidad de los profesionales locales hacen de esta industria una de las más prometedoras para generar empleo calificado y exportaciones de alto valor agregado.

5. Desarrollo de los Programas

5.1. **Evaluar Interés en la Propuesta:** Es crucial determinar si esta idea es de interés para entidades como la Fundación Creer y Crecer, o para iniciativas políticas como Compromiso para el Cambio. Implementar este proyecto puede ofrecer una visión optimista en un panorama político gris y proporcionar una oportunidad de conexión con sectores sociales de alto potencial.

5.2. **Establecer Contactos Estratégicos:** Es necesario contactar a cámaras, asociaciones, consejos de graduados y otras instituciones relevantes para desarrollar las áreas propuestas. Algunos ejemplos incluyen:

- Cámara Argentina del Libro.

- SADAIC (Sociedad Argentina de Autores y Compositores de Música).
- Cámara del Software.
- Universidades locales y extranjeras.
- Organismos vinculados al turismo.

La colaboración con estas entidades permitirá identificar necesidades específicas, definir objetivos claros y promover la ejecución de programas que beneficien tanto a la población como a la ciudad en su conjunto.

5.BRIEF SOBRE POLITICA INDUSTRIAL
MAYO 2005

Situación Actual:

- Los altos crecimientos de la producción industrial desde la crisis del 2002 hasta la fecha son debidas a la gran contracción del 2002 (bajo punto de inicio), al efecto favorable de la devaluación sobre los costos de producción, y a una situación mundial favorable (altos precios de commodities agrícolas e industriales). Son efectos de única vez, no hay realimentación ni proyección al futuro.
- En muchas industrias se está llegando a altos niveles de utilización de capacidad instalada, incluyendo la puesta en marcha de equipos obsoletos. No hay en marcha un proceso sostenido de inversión. Las que se realizan son solo para eliminación de cuellos de botella, en algunos casos con importación de equipos usados. El parque industrial se está depreciando y no hay incorporación de tecnologías actualizadas.
- La crisis energética pondrá un límite a la expansión de la industria. A la vez, la falta de gas como materia prima impide inversiones importantes en el área petroquímica, de gran valor agregado.
- La conflictividad social, sindical y política crea des-incentivos objetivos a la inversión, así como la volubilidad del gobierno. Este ha volcado todos sus esfuerzos en una retórica populista y ha eludido o pospuesto los problemas reales.
- Los bajos salarios ponen un techo al crecimiento con destino al mercado interno, y no hay reales incentivos a la exportación de valor agregado. Esto se une a una desocupación que ha encontrado un piso en el 12-13%

Propuesta inicial de Medidas a considerar:

- Marco General: Reconocer que el motor del capitalismo es la ganancia. El proceso acelerado de inversiones que se debe desatar debe prever incentivos legítimos a los emprendimientos productivos, en desmedro de los especulativos.
- Enfrentar el desabastecimiento energético con medidas drásticas como en el período 1958/ 62. Esto implica llegar a una solución con las empresas del área en materia de tarifas e inversiones. Para ello hace falta estudios y dialogo, no actitudes retóricas y show mediático. La afluencia de inversiones debe ser masiva y en todos los sectores: exploración, producción y distribución. Las empresas deben ser seleccionadas por su experiencia y medios comprobados, no por presuntas afinidades ideológicas. PDVSA no va a venir a hacer beneficencia, y el combustible que nos vendió el "amigo" Chávez fue a precios internacionales. Las empresas de energía nacionales sin pozos ni técnicos recientemente creadas son solo burocracia, así como las empresas de aviación sin aviones.
- Crear mecanismos de amortización acelerada para inversiones productivas, claras y universales, sin posibilidad de amiguismos o coimas. La inversión es el elemento clave.
- Eliminar los aranceles de importación a equipos que no se produzcan y no se puedan realistamente producir en el país.

- Tratamiento preferencial del IVA y del impuesto a la Ganancia mínima Presunta para las inversiones productivas. Idem. para el impuesto a los débitos bancarios y ley de sellos. Negociar la eliminación de los impuestos provinciales que desalienten la inversión.
- Inversión en ciencia aplicada; relacionamiento de los entes de investigación tecnológica (INTI, INTA, etc) con las

universidades y con la industria. Aliento de las carreras de ingeniería y ciencias exactas, así como de las escuelas técnicas, de modo que la disponibilidad de talento no sea un factor limitante para la inversión, y que inversamente, se convierta en una ventaja competitiva para los inversores nacionales y extranjeros frente a los países con los que rivalizaremos en la atracción de esas inversiones.

- Vigoroso aliento a la prospección minera. Medidas de aliento a la forestación.

- Desalentar la exportación de materias primas sin valor agregado; por ejemplo: cuero fresco o wet blue, lana sucia, minerales sin refinación, etc.

- Apoyo a los sectores de registración de productos para garantizar la calidad de la producción en Argentina de acuerdo a normas internacionales (ANMAT, sus dependencias INAL e INAME, SENASA, etc).

- Convertir el servicio diplomático en un medio eficaz en la promoción de Argentina como marca, y en la concreción de negocios concretos.
- Fomentar los polos tecnológicos que vendan servicios de alto valor agregado y retengan personal científico y técnico calificado en el país. No exportar materia gris sino su producto. Polos tecnológicos que deberán estar relacionado con los recursos de cada región. La alta densidad de población universitaria en una ubicación es definitivamente uno de esos recursos a explotar.

Regionalización y Globalización:

Los procesos de globalización y regionalización son a la vez una amenaza y una oportunidad. La globalización como proceso es imparable, y lo único que se debe buscar es una inserción productiva en el mundo, no limitada a la exportación de materias primas suministradas por la Providencia, sino a los objetos producidos por el hombre. El tema debe ser encarado en forma realista y no con apelaciones voluntaristas a la unidad de la raza humana o a la confraternidad sudamericana. Lo cierto es que cada país intenta maximizar y optimizar su participación en el mercado mundial y Argentina debe hacer otro tanto. El MERCOSUR tal como está beneficia a Brasil, que es el país que tiene el mayor mercado y la mayor acumulación de inversiones en casi todos los rubros

6. SOCIALISMO Y POPULISMO

A continuación, haré algunas consideraciones generales sobre el tema propuesto

Las ideas se refieren al socialismo en general, y más concretamente al populismo corrupto que constituye su avatar actual.

El socialismo como ideología coherente basado en la economía política y en el materialismo dialéctico de Marx y Engels se hundió irremediablemente en el curso del siglo XX, en particular desde la década de los 70. El derrumbe del muro de Berlín no fue la causa sino la consecuencia de otro derrumbe más profundo y prolongado en el tiempo, de una economía basada en el reemplazo de la voluntad y la creatividad humanas, fuente de toda civilización y en realidad del surgimiento sobre el mundo animal, por los dictados de una burocracia que reemplazaba los dictados de la ciencia por una ideología rígida basada en dictados voluntaristas basados en el pretendido materialismo histórico; en realidad, el "socialismo científico" de Marx era solo un compendio de deseos más o menos arbitrarios.

El hundimiento del socialismo marxista no produjo la desaparición de los socialistas, que para salvar la ropa decidieron reemplazar la "contradicción fundamental" entre burguesía y proletariado por otras contradicciones secundarias basadas en cuantos reclamos diversos existían en la sociedad. Así nacieron el feminismo extremo, el ecologismo ideológico y el indigenismo como intento de volver a revivir tradiciones inspiradas en el chamanismo; un caso extremo y absurdo acaba de ocurrir en Buenos Aires, donde una bomba de estruendo colocada en la oficina del presidente de la Sociedad Rural Argentina parece ser una actuación de anarquistas veganos (sí, leyeron bien)

Todo este abanico de reclamos inconsistentes y contradictorios hallan tierra fértil en mentes débiles y confundidas, y no tendrían importancia si no fuera por la presencia de agentes externos que los apoyan y financian. Estas fuentes de apoyo ideológico y económico son muy variadas y de distinto cuño. En nuestro continente se puede trazar como soportes de esta izquierda a naciones, como la dictadura teocrática y oscurantistas como Irán (Marx diría que es una comprobación de que la religión es el opio de los pueblos) y la dictadura neo zarista de Rusia. La preocupación en Argentina es que ya Irán y su brazo armado Hezbollah ya fueron responsables de la voladura de la Embajada de Israel(1992), y de la mutual judía AMIA (1994), con 19 y 85 víctimas respectivamente, preludios del 9/11, Atocha etc.; además Irán ha infiltrado al gobierno de Bolivia, que se halla en nuestras fronteras. En cuanto a Rusia, es junto a Cuba el sostén de la infame dictadura de Venezuela, que en 25 años ha expulsado a 7 millones de venezolanos, una diáspora mayor que la originada por la guerra en Siria. La otra fuente de sostén, sobre todo financiero, es el crimen organizado, basado en el tráfico de drogas, al que el resquebrajamiento de la sociedad moderna proporciona rendijas en las cuales asentarse en la política, justicia, policía y fuerzas armadas, según el país de que se trata

En Argentina, los veinte años de populismo izquierdoso de los Kirchner produjeron un crecimiento exponencial de la droga y el crimen violento, incluyendo instituciones que previamente eran desconocidas como el sicariato.

Esto hace que nuestra lucha trascienda los límites ideológicos y políticos para constituirse en una lucha por la supervivencia de nuestra civilización.

En otro momento podemos discutir el complejo tema de la inmigración desenfrenada, que es un problema mayor en Europa y Estados Unidos.

8-9-2024

7. BUENOS AIRES Y LOS NÓMADES DIGITALES

Deseo describir un nuevo rol internacional para nuestra ciudad, las ventajas de que disponemos para asumirlo, y las condiciones para poder lograrlo

Para definirlo brevemente se trata de convertir a Buenos Aires en un destino preferencial (no es el único) para una creciente "tribu" internacional, multifacética pero con ciertas características comunes distinguibles...

los nómades digitales

Aunque la pandemia y las consecuentes cuarentenas en distintos países la han acelerado, la formación de este colectivo comenzó antes y sigue ampliándose, independientemente del estado sanitario del mundo. Se basa en varios hechos sociales.

1. El auge del trabajo a distancia, virtual o híbrido, que por un lado conviene a los trabajadores y por otro recorta gastos fijos a las empresas.

2. La dislocación del lugar de residencia y el de trabajo, no sólo en cuanto a ciudades, sino también de países y continentes. La sede del empleador ya no es una restricción para el sitio donde vivirá el empleado.

3. En ciertos casos la posibilidad del multi-empleo.

Dadas estas características, una creciente marea de personas está buscando cambiar su lugar de residencia, para lograr la mejor combinación entre la oferta de medios que la ciudad posee y el menor costo global, incluyendo costo de vida, impuestos, etc.

Madrid es de las ciudades favorecidas. Creo que Buenos Aires tiene absolutamente ventajas competitivas en este aspecto, aunque la ciudad y la Argentina tienen tareas que realizar.

Paso a analizar estas ventajas y desventajas en una especie de análisis SWOT (*strengths, weaknesses, opportunities, threats*).

Ventajas:

1. Situación Geopolítica:

Argentina se ubica en una zona pacífica del mundo; muy lejos de Rusia y Ucrania, y en las antípodas de China. Esta circunstancia, desfavorable para el comercio de bienes, no incide en el comercio de servicios (que es lo que los nativos digitales producen) y es una decisiva ventaja ante los conflictos, cada vez más globales , o al menos de su posibilidad.

2. Situación Geológica y climática:

Buenos Aires está en una zona templada, con un clima envidiable para muchos, libre de huracanes, tornados, tsunamis y otros fenómenos atmosféricos altamente destructivos

Igualmente, la amplia zona pampeana que nos circunda es geológicamente estable.

3. Situación Política:

Aunque con muchas materias que rendir, la Nación es una democracia estable, que ya tiene 40 años de existencia, plena vigencia de los derechos humanos y una resiliencia que nos está sorprendiendo en estos días. En los 60 y 70 muchos extranjeros eran vergonzantes por el estado de dictadura vigente entonces. Esos tiempos no volverán.

4.Oferta de la ciudad: Buenos Aires es una ciudad deseable desde los puntos de vista cultural, de entretenimiento, por la cortesía de la población y por la recepción a los visitantes. Es una ciudad amplia geográficamente y sus habitantes están acostumbrados a tratar con inmigrantes y personas de paso en la ciudad. No hay xenofobia ni rechazo a lo diverso en ningún aspecto.

5. Situación inmobiliaria: la oferta de inmuebles de Buenos Aires es muy grande, con viviendas de mejor calidad que muchas otras ciudades y más nuevas. Hay una oferta hotelera importante, y puede crecer el alquiler temporario (AirBnB, Bookings, etc), adecuando la legislación si hace falta.

6. Oferta educacional: la oferta de educación es buena en comparación con la mayoría de los países fuera de Europa. Deben promoverse alianzas entre instituciones ya existentes en la ciudad en los

4 niveles y entidades prestigiosas del exterior (bachilleratos, postgrados, etc.)

7. Sistema bancario: el sistema bancario es extendido, sofisticado y eficiente. Hay aspectos que mejorar en la política económica del país, que se expondrán más abajo.

8. Política inmigratoria: nunca ha sido un obstáculo para la entrada y salida de extranjeros ni su nacionalización. Decididamente un punto fuerte del país.

9. Seguridad física: la situación en CABA es mejor que la de la mayoría de las capitales de la región y aún del mundo. Más abajo nos referiremos a la del Conurbano.

10. Bellezas naturales: Después de todo, los nómades digitales son viajeros y comparten con los turistas el ansia de conocer lugares hermosos. Argentina tiene gran profusión de sitios turísticos de nivel internacional, y también sus vecinos cercanos. Buenos Aires es el *pied-a terre* de una zona privilegiada del mundo.

11. Entorno inmediato: hay zonas del Conurbano, especialmente el norte, que comparten la mayor parte de las ventajas de la CABA. Incluimos los partidos de Vicente López, San Isidro y Tigre, en su totalidad o en parte. Esto incrementa el potencial de la ciudad de Buenos Aires y su atractivo.

12. Vía Pública y Transporte Público: Aceptable estado de la vía pública. Amplio sistema de transporte público, aunque sin los niveles de confort a nivel internacional

Puntos de Mejora

Hay que evitar la autocomplacencia, Para lograr el objetivo de convertir a la ciudad en una suerte de Meca de los nómades digitales, se deben mejorar ciertos aspectos claves; estas mejoras estarán a cargo de las autoridades de la ciudad por un lado y del país por otro.

A cargo de la ciudad:

Orden público: los extranjeros no pueden entender el grado de desorden, en particular en la vía pública, que imperan en las arterias más visibles de la ciudad. Será una tarea coordinada entre Nación, Provincia y Ciudad la que pueda cambiar este estado.

A cargo de la Nación

1. Eliminar los cepos. Permitir que el sistema bancario pueda recibir y procesar los ingresos de los nómades digitales, así como de los turistas y de toda la población. Esta es una condición *sine-qua-non* de todo el proyecto.

2. Mantener la infraestructura de comunicaciones a nivel internacional, que es lo que permite trabajar a los nuevos (y viejos) trabajadores.

3. Ampliar las comunicaciones físicas del país. Nuevas líneas aéreas, aeródromos, conexiones fluviales.

Conveniencia para la ciudad y el país

1. Los nómades digitales (extranjeros y argentinos) son una categoría social que todo país debe desear acoger. Son personas de alto nivel profesional, que traen al país su *expertise* que es apreciado y remunerado en el mundo y elevarán el *know-how* técnico de nuestra sociedad.

2. En general son personas bien remuneradas. Traen al país y la ciudad ingresos en divisas fuertes que pueden alimentar y estabilizar nuestro sistema cambiario.

3.No quitan ni desplazan a nadie de sus trabajos. Simplemente, amplían la torta.

4. Es una excelente forma de retener a nuestros jóvenes en el país, que están crecientemente volviéndose nómades digitales.

Conclusión

A fines del siglo XIX, Argentina supo atraer a los nómades de aquel entonces, que eran en general campesinos y citadinos pobres. Para ello, la lúcida dirigencia del país acertó con los incentivos que había que instalar para traerlos. Ello permitió el desarrollo de la gran ganadería y agricultura, y consecuentemente el ingreso del país en el círculo de gran comercio agropecuario.

Hoy, aunque los flujos humanos sean mucho menores que entonces, la dirigencia debe estar a la altura de las circunstancias para convertir a Argentina en un jugador importante en la sociedad mundial del conocimiento.

Del Autor

Estimado lector,

Le agradezco que se haya interesado en leer estas breves palabras en la que hablo de mi obra. Es un buen hábito tratar de entender que llevó a un autor a escribir un libro particular, ya que las motivaciones varían de autor en autor y de libro en libro.

Como señal de respeto al lector, en todos mis libros realizo una exhaustiva investigación previa sobre los hechos a que se refiere la obra, particularmente teniendo en cuenta que muchas de ellas transcurren en lugares a veces apartados entre sí y en épocas históricas también diversas; es decir que mis libros a menudo transitan dilatados trechos en el tiempo y en el espacio.

Estas búsquedas están basadas en mi memoria, en la amplia biblioteca familiar y en el gigantesco cantero de hechos y datos constituido por Internet. En la red global todos pueden buscar pero no todos encuentran lo mismo... afortunadamente, ya que este hecho da lugar a una enorme variabilidad y diversidad.

La trama por supuesto proviene de la imaginación y la fantasía. Ésta es para mí de fundamental importancia y confieso que jamás escribiría un libro que no me interesara leer; mis gustos como escritor y como lector coinciden en alto grado.

Mis obras con frecuencia transcurren en lugares exóticos y se refieren a veces a hechos sorprendentes y hasta paradójicos, pero jamás entran en el terreno de lo fantástico e increíble. Es más, a menudo los hechos más bizarros suelen ser verídicos.

Sobre el Autor

Oscar Luis Rigiroli nació en Buenos Aires, Argentina. Ejerció su profesión como ingeniero químico hasta 2005 y comenzó su carrera literaria a partir de entonces. Escribe en castellano y sus áreas de interés son la narrativa y la economía real. Entre sus obras de ficción se encuentran thrillers históricos y psicológicos, novelas románticas, eróticas y otras del género *noir* y últimamente ha incursionado en las novelas para niños y adolescentes. Además de las novelas y cuentos ha publicado un ensayo crítico sobre economía política. Todos estos trabajos se detallan en el sector siguiente. Sus libros han sido traducidos al inglés y están disponibles en ediciones impresas y como libros digitales.

Obras de Oscar Luis Rigiroli

FICCIÓN

Enigma en los Glaciares
Leyenda Dorada
La Dama de Ébano
I Ching y Crimen
Runas de Sangre
Keisha -Un Romance Swirl
El Legado de Himmler
Templarios bajo la Cruz del Sur
Una Aventura Africana.
El Legado de los Cátaros.
La Amante China
Cita en Gramercy Park
Equinoccio de Sangre
Alerta Roja
Rapsodia de Sangre
El Hechizo del Bosque
El Estigma del Coltán
La Ciudad Mítica

ENSAYOS

Marxismo- Promesas Luminosas. Realidades Sombrías
Horizonte Reflexivo- Crónicas de Nuestro Tiempo

Contactar al Autor

Sitio web: http://narrativaoscarrigiroli.wordpress.com/
Twitter: http://twitter.com/OscarRigiroli
Facebook: https://www.facebook.com/oscar.rigiroli.1
https://www.facebook.com/narrativaOscarRigiroli
Mailto: origiroli@gmail.com

Sobre el Editor

Oscar Luis Rigiroli publica los libros a su cargo en ediciones impresas y electrónicas por medio de una red comercial que les brinda una amplia cobertura mundial con ventas en los cinco continentes. El catálogo incluye tanto numerosos títulos de su propia autoría como aquellos escritos por otros autores. Todas las obras están disponibles en idiomas castellano e inglés.

Abundante información sobre dichos títulos puede ser consultada en los siguientes sitios web:

https://narrativaoscarrigiroli.wordpress.com/
https://cedricdauriobooks.wordpress.com/blog/ y
https://louisforestiernarrativa.wordpress.com/

El lector queda amablemente invitado a consultarlos en la seguridad de hallar buenas experiencias de lectura.

www.ingramcontent.com/pod-product-compliance
Lightning Source LLC
LaVergne TN
LVHW060301051026
849517LV00003B/898